essentials

W0258329

Springer Essentials sind innovative Bücher, die das Wissen von Springer DE in kompaktester Form anhand kleiner, komprimierter Wissensbausteine zur Darstellung bringen. Damit sind sie besonders für die Nutzung auf modernen Tablet-PCs und eBook-Readern geeignet. In der Reihe erscheinen sowohl Originalarbeiten wie auch aktualisierte und hinsichtlich der Textmenge genauestens konzentrierte Bearbeitungen von Texten, die in maßgeblichen, allerdings auch wesentlich umfangreicheren Werken des Springer Verlags an anderer Stelle erscheinen. Die Leser bekommen „self-contained knowledge" in destillierter Form: Die Essenz dessen, worauf es als „State-of-the-Art" in der Praxis und/oder aktueller Fachdiskussion ankommt.

Sebastian Rittinger

Multi-Channel Retailing

Prinzip, Konzepte und
Erfolgsfaktoren

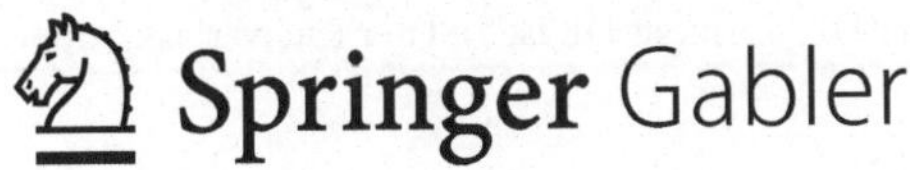

Sebastian Rittinger
Universität des Saarlandes
Saarbrücken
Deutschland

ISSN 2197-6708   ISSN 2197-6716 (electronic)
ISBN 978-3-658-05196-9   ISBN 978-3-658-05197-6 (eBook)
DOI 10.1007/978-3-658-05197-6

Die Deutsche Nationalbibliothek verzeichnet diese Publikation in der Deutschen Nationalbibliografie; detaillierte bibliografische Daten sind im Internet über http://dnb.d-nb.de abrufbar.

Springer Gabler
© Springer Fachmedien Wiesbaden 2014
Das Werk einschließlich aller seiner Teile ist urheberrechtlich geschützt. Jede Verwertung, die nicht ausdrücklich vom Urheberrechtsgesetz zugelassen ist, bedarf der vorherigen Zustimmung des Verlags. Das gilt insbesondere für Vervielfältigungen, Bearbeitungen, Übersetzungen, Mikroverfilmungen und die Einspeicherung und Verarbeitung in elektronischen Systemen.

Die Wiedergabe von Gebrauchsnamen, Handelsnamen, Warenbezeichnungen usw. in diesem Werk berechtigt auch ohne besondere Kennzeichnung nicht zu der Annahme, dass solche Namen im Sinne der Warenzeichen- und Markenschutz-Gesetzgebung als frei zu betrachten wären und daher von jedermann benutzt werden dürften.

Gedruckt auf säurefreiem und chlorfrei gebleichtem Papier

Springer Gabler ist eine Marke von Springer DE. Springer DE ist Teil der Fachverlagsgruppe
Springer Science+Business Media
www.springer-gabler.de

Was Sie in diesem Essential finden können

- Eine Darstellung und Abgrenzung der zentralen Begriffe rund um das Multi-Channel Retailing
- Eine Einführung in die wesentlichen Erscheinungsformen des Multi-Channel Retailing
- Eine verhaltenswissenschaftlich orientierte Beschreibung der Spezifika von Multi-Channel-Kunden
- Eine Analyse der Bedeutung der Vertriebskanalintegration für Multi-Channel Retailer
- Eine Einführung in die Händlermarkenpolitik von Multi-Channel Retailern

Vorwort

Das rasante Wachstum des E-Commerce ist zweifelsohne eine große Herausforderung für den stationären Einzelhandel und stellt die gewohnten Konzepte und Geschäftsmodelle in Frage. Es ist aber auch eine Chance. Durch Multi-Channel Retailing können stationäre Handelsunternehmen vom stetig steigenden E-Commerce-Umsatz profitieren. Der Handelsverband Deutschland proklamiert deshalb auch: „Multi-Channel-Handel ist die Zukunft". Der vorliegende Beitrag richtet sich sowohl an Studierende und Dozenten als auch an Fach- und Führungskräfte aus der Unternehmenspraxis, die sich in kompakter Form mit dem Prinzip, aktuellen Trends und den zentralen Erfolgsfaktoren des Multi-Channel Retailing vertraut machen wollen.

Inhaltlich basiert der Beitrag auf der 2013 im Verlag Springer Gabler erschienenen Dissertation „Cross-Channel Retail Branding – Eine verhaltenswissenschaftliche Untersuchung in Deutschland, Frankreich und Großbritannien". Aus verhaltenswissenschaftlicher Perspektive setzt sich das Werk ausgiebiger mit dem Phänomen der Händlermarkenpolitik von Multi-Channel Retailern auseinander. Die Antezedenzien des Händlermarkenwertes von Multi-Channel Retailern werden im Rahmen eines hypothesengeleiteten Strukturgleichungsmodells erfasst und mittels einer länderübergreifenden Konsumentenbefragung im Bekleidungseinzelhandel getestet und bewertet. Auf Basis der empirischen Ergebnisse werden schließlich Handlungsempfehlungen für national und international tätige Multi-Channel Retailer abgeleitet.

Inhaltsverzeichnis

Einleitung 1

Multi-Channel Retailing, der parallele Einsatz von mehreren Vertriebskanälen durch ein Handelsunternehmen, hat sich als Distributionsstrategie fest im Handel etabliert (Zhang 2009; Schramm-Klein 2012). Wenngleich es sich bei diesem Konzept nicht um ein grundsätzlich neues Phänomen handelt (Zentes et al. 2011), sprechen Avery et al. (2012, S. 96) von einer derzeit zu beobachtenden „explosion of multichannel retailing in practice". Zurückzuführen ist diese Entwicklung in erster Line auf die steigende Bedeutung des Internets, das sich in den letzten Jahren von einem vieldiskutierten zu einem umsatzrelevanten Vertriebskanal für den Einzelhandel entwickelt hat. So haben sich die Gesamtausgaben für Einkäufe im Internet (E-Commerce) in Deutschland von 14,5 Mrd. € im Jahre 2005 auf 29,5 Mrd. € im Jahre 2012 mehr als verdoppelt (Handelsverband Deutschland 2013a). Ferner wurden im Jahre 2009 in Deutschland erstmals mehr Waren über das Internet verkauft als im Katalogversandhandel (KPMG 2012). Gerade für junge Konsumenten, die mit dem Internet und seinen unterschiedlichen Geschäftsmodellen aufgewachsen sind, gehört das Onlineshopping zur Normalität. Laut einer im Februar 2013 veröffentlichten empirischen Studie des Marktforschungsunternehmens Research Now, haben nur 19 % der deutschen Jugendlichen zwischen 12 und 17 Jahren noch keine Waren oder Dienstleistungen über das Internet gekauft. Genutzt werden dabei in der Regel die Kundenkonten der Eltern oder der volljährigen Geschwister (Research Now 2013). Da Konsumenten das Internet zudem immer häufiger im Vorfeld eines Einkaufs im stationären Handel als begleitende Informationsquelle nutzen („Research online, Purchase offline" (ROPO)), um bspw. Preise oder funktionelle Produkteigenschaften zu vergleichen, geht die Wirkung des Online-Handels weit über dessen direkt gemessene Umsätze hinaus (Daurer et al. 2012).

Nach einer Umfrage des deutschen Handelsverbandes (HDE), haben gegen Ende des Jahres 2013 mittlerweile rund 30 % aller stationären Handelsunternehmen einen eigenen Onlineshop eröffnet – Tendenz steigend (Handelsverband Deutschland 2013b). Vergleichbare Entwicklungen zeigen sich auch in den USA

S. Rittinger, *Multi-Channel Retailing,* essentials,
DOI 10.1007/978-3-658-05197-6_1, © Springer Fachmedien Wiesbaden 2014

(Levy und Weitz 2012) und anderen großen europäischen Einzelhandelsmärkten wie Frankreich (Cliquet et al. 2008) und Großbritannien (Burt et al. 2010). Die zentrale Fragestellung für Handelsunternehmen lautet daher in Zukunft immer weniger „warum" bzw. „ob" sie zum Multi-Channel Retailer werden sollen, sondern vielmehr „wie" sie ein Multi-Channel-Retailing-System erfolgreich gestalten können. Vor diesem Hintergrund wird im Folgenden zunächst kurz der Begriff des Multi-Channel Retailing definiert und von verwandten Begrifflichkeiten abgegrenzt (Kap. 2). Anschließend werden die wesentlichen Erscheinungsformen des Multi-Channel Retailing erläutert (Kap. 3) und wesentliche Aspekte des Konsumentenverhaltens in Multi-Channel-Retailing-Systemen aufgezeigt (Kap. 4). Der Schwerpunkt liegt schließlich auf einer Darstellung zentraler Erfolgsfaktoren von Multi-Channel Retailern der Zukunft (Kap. 5).

Begriffsabgrenzung 2

Weder in der Literatur noch in der Unternehmenspraxis existiert eine allgemein anerkannte Definition für das Multi-Channel Retailing (Schramm-Klein 2012). Einigkeit herrscht jedoch dahingehend, dass es sich beim Multi-Channel Retailing im Grundsatz um ein Distributionskonzept handelt, bei dem zwei oder mehr Vertriebskanäle parallel eingesetzt werden (Levy und Weitz 2012). Der Begriffszusatz „Multi" wird also dazu genutzt, um die erhöhte Quantität von Vertriebskanälen zu verdeutlichen. Eine qualitative Aussage hinsichtlich des Integrationsgrads der unterschiedlichen Vertriebskanäle ist damit i. d. R nicht verbunden. Weitere, gerade in der englischsprachigen Literatur gebräuchliche Bezeichnungen für Multi-Channel Retailing sind z. B. „Hybrid Retailing" (Benedicktus et al. 2010) und „Multi-Channel Distribution" (Hsieh et al. 2012). In der deutschsprachigen Literatur wird häufig auch von „Mehrkanalsystemen" (Schramm-Klein 2012) gesprochen.

Das wesentliche Merkmal eines Vertriebskanals ist, dass Kunden über diesen Kanal auch tatsächlich einen Einkauf tätigen können (Levy und Weitz 2012). Reine Informationskanäle wie z. B. ein Twitter Account zählen daher nicht zu den Bestandteilen eines Multi-Channel-Retailing-Systems. Inhaltlich abzugrenzen ist das Multi-Channel Retailing damit vom sog. Multi-Channel Marketing. Im Gegensatz zum Multi-Channel Retailing, das sich auf die Distributionsstrategie eines Handelsunternehmens bezieht, beschreibt das Multi-Channel Marketing i.d. R die parallele Vermittlung von Marketingbotschaften über mehrere Informations- bzw. Kommunikationskanäle hinweg (Duffy 2004). Darüber hinaus ist das Multi-Channel Retailing vom Multi-Format Retailing abzugrenzen. Im Gegensatz zum Multi-Channel Retailing, beim dem mehrere unterschiedliche Vertriebskanäle parallel eingesetzt werden, beschreibt das Multi-Format Retailing den parallelen Einsatz mehrerer unterschiedlicher Betriebstypen innerhalb eines Vertriebskanals (Arrondo et al. 2002). Unter einem Multi-Format Retailer ist bspw. ein Lebensmittelhändler zu verstehen, dessen stationäres Filialnetz neben Supermärkten auch Verbrauchermärkte umfasst.

S. Rittinger, *Multi-Channel Retailing*, essentials, DOI 10.1007/978-3-658-05197-6_2, © Springer Fachmedien Wiesbaden 2014

Erscheinungsformen des Multi-Channel Retailing 3

3.1 Vertriebskanalspektrum

Grundsätzlich steht Handelsunternehmen eine Vielzahl unterschiedlicher Vertriebskanäle zur Realisierung eines Multi-Channel-Retailing-Systems zur Verfügung. Die größte Bedeutung in der Handelspraxis haben stationäre Geschäfte, Onlineshops sowie Print-Kataloge (Zentes et al. 2011). Hinsichtlich dieser Vertriebskanäle lassen sich drei wesentliche Formen des Multi-Channel Retailing unterscheiden (Schramm-Klein 2012): „Bricks & Clicks", „Clicks & Sheets" sowie „Bricks, Clicks & Sheets".

- Bricks & Clicks: Hier besteht das Multi-Channel-Retailing-System aus stationären Geschäften („Bricks") und einem Onlineshop („Clicks") (z. B. Saturn). Bricks & Clicks ist die in der Handelslandschaft am häufigsten anzutreffende Form des Multi-Channel Retailing (Min und Wolfinbarger 2005; Ofek et al. 2011).
- Clicks & Sheets: Hier kombiniert ein Handelsunternehmen einen Onlineshop mit dem traditionellen Katalogversand („Sheets)", betreibt also einen mehrgleisigen Versandhandel (z. B. Baur).
- Bricks, Clicks & Sheets: Hier erfolgt eine Kombination von stationären Geschäften mit Onlineshop und traditionellen Katalogversand (z. B. SportScheck).

Bezüglich des Internets als Vertriebskanal (Clicks) ist festzuhalten, dass derzeit insbesondere drei Zugangsformen für das Online-Shopping relevant sind (Schramm-Klein 2012): Stationäres Internet via PC bzw. Laptop, mobiles Internet via Smartphone bzw. Tablet sowie der Internetzugang über interaktive TV-Sets. Gerade durch die zunehmende Verbreitung von internetfähigen Endgeräten ergeben sich neue Wachstumspotenziale für die Online-Distribution (M-Commerce) und es wird vereinzelt bereits vom „Multi-Channel E-Commerce" (Schramm-Klein

S. Rittinger, *Multi-Channel Retailing*, essentials,
DOI 10.1007/978-3-658-05197-6_3, © Springer Fachmedien Wiesbaden 2014

2012) gesprochen. Wenngleich mobile Zugriffsformen auf Onlineshops derzeit stark an Bedeutung gewinnen und umsatzmäßig stark wachsen, legen die Ergebnisse von Konsumentenbefragungen dennoch nahe, dass stationäre Zugriffsformen den Onlineeinkauf auch in absehbarer Zukunft klar dominieren werden (KPMG 2012).

Hinsichtlich des Print-Katalogs (Sheets) ist zu konstatieren, dass dieser in einigen Einzelhandelsbranchen, z. B. im Bekleidungseinzelhandel, zwar nach wie vor als wichtiger Vertriebskanal anzusehen ist (Zentes et al. 2011), die Distributionsfunktion des Print-Katalogs allerdings zunehmend von internetbasierten Lösungen übernommen wird. Diese Entwicklung kommentieren Levy und Weitz (2012, S. 59) wie folgt: „The use of catalogs is coming under attack from consumer groups that believe that catalogs are an unnecessary waste of natural resources. (…) Further, catalogs' share of sales is declining relative to the internet. But catalogs are not going away. Their role is shifting from primarily generating sales to driving traffic to the Internet and physical stores." Die Zukunft des Katalogs ist demnach primär in einer Funktion als Informations- und Kommunikationskanal im Rahmen des Multi-Channel Marketing zu sehen.

Entsprechend ihrer Bedeutung in Wissenschaft (Avery et al. 2012; Fernández-Sabiote und Román 2012) und Handelspraxis (Handelsverband Deutschland 2013b; T-Systems 2013), fokussiert der vorliegende Beitrag im Folgenden auf solche Multi-Channel-Retailing-Systeme, die stationäre Geschäfte mit einem Onlineshop kombinieren, d. h. auf das Prinzip des Bricks & Clicks.

3.2 Entwicklungspfade zum Multi-Channel Retailing

Die wenigsten Handelsunternehmen sind als Multi-Channel Retailer „geboren" worden. Vielmehr haben sich die Unternehmen im Laufe der Zeit zu Multi-Channel Retailern entwickelt. Dabei ist mit Blick auf das Bricks & Clicks Prinzip zwischen zwei Entwicklungspfaden zu unterscheiden (siehe Abb. 3.1).

Der erste Entwicklungspfad wird mit „Adding Clicks to Bricks" (Fernández-Sabiote und Román 2012) umschrieben. Dieser bezieht sich auf ehemals rein stationär tätige Handelsunternehmen, die im Zuge der wachsenden Akzeptanz des Internets als Einkaufskanal ihre Marktpräsenz zu einem bestimmten Zeitpunkt (t_1) um einen Onlineshop erweitert haben. Das Adding Clicks to Bricks war in der Vergangenheit der „klassische" Entwicklungspfad zum Multi-Channel Retailing, d. h. der größte Teil der heute am Markt tätigen Multi-Channel Retailer sind Unternehmen die ihren Ursprung im stationären Handel haben (Zentes et al. 2011;

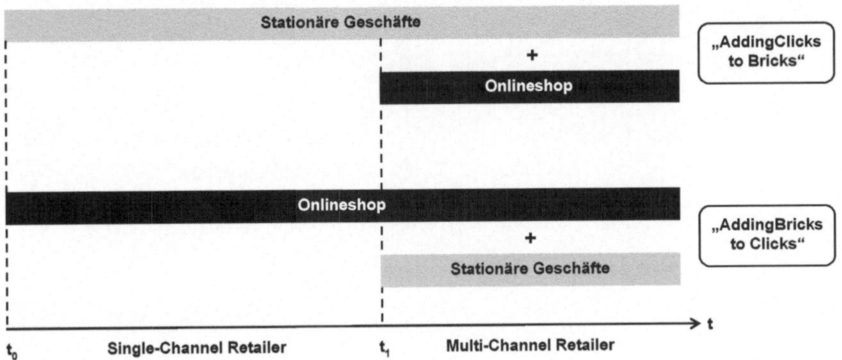

Abb. 3.1 Entwicklungspfade zum Multi-Channel Retailing

Levy und Weitz 2012). Entsprechende Beispiele finden sich mittlerweile in nahezu allen Einzelhandelsbranchen, so im Lebensmitteleinzelhandel (z. B. Tesco), Bekleidungseinzelhandel (z. B. Zara), Elektronikeinzelhandel (z. B. Media Markt) oder Do-It-Yourself-Segment (z. B. OBI).

Die Autoren der Studie „Trends im Handel 2020" weisen allerdings zu Recht darauf hin, dass sog. Online Pure Player, d. h. Unternehmen die ihre Waren in der Vergangenheit ausschließlich über das Internet vertrieben haben (Rose et al. 2012), derzeit „Schritt für Schritt ihren Onlinehandel mit stationären Dependancen ergänzen" (KPMG 2012, S. 19). Dieser zweite Entwicklungspfad zum Multi-Channel Retailing wird auch als „Adding Bricks to Clicks" (Avery et al. 2012) bezeichnet. Als Beispiel sei auf den Elektronikhändler „Cyberport" verwiesen, der zu den größten Onlinehändlern in Deutschland zählt und im Jahre 2007 sein erstes stationäres Geschäft in Berlin eröffnet hat. Heute betreibt das Unternehmen neben dem Onlineshop als Hauptvertriebskanal mehr als ein Duzend Filialen in verschiedenen deutschen Großstädten. Weitere Beispiele für das Adding Bricks to Clicks sind „myToys" und „mymuesli".

Multi-Channel-Kunden – Ausgewählte Erkenntnisse aus der Konsumentenverhaltensforschung   4

4.1 Einführung

Entsprechend der Definition des Multi-Channel-Retailing, ist unter einem Multi-Channel-Kunden ein Konsument zu verstehen, der für Einkäufe in einer bestimmten Produktkategorie mindestens zwei Vertriebskanäle nutzt (McGoldrick und Collins 2007). Die Konsumentenverhaltensforschung mit Fokus auf Multi-Channel-Kunden konzentrierte sich bislang auf zwei wesentliche Bereiche (Dholakia et al. 2010): Erstens, die Segmentierung und Charakterisierung von Multi-Channel-Kunden. Zweitens, die Determinanten der Vertriebskanalwahl sowie der Vertriebskanalmigration. Ausgewählte Forschungsergebnisse aus beiden Bereichen werden nachfolgend vorgestellt.

4.2 Segmentierung und Charakterisierung von Multi-Channel-Kunden

Als ein zentrales Ergebnis in diesem Forschungsbereich konnte gezeigt werden, dass der Multi-Channel-Kunde nicht existiert. Multi-Channel-Kunden sind demnach nicht als homogene Gruppe aufzufassen, sondern müssen in unterschiedliche Kundensegmente eingeteilt werden (Neslin et al. 2006).

Eine der ersten und meistbeachteten Arbeiten auf diesem Gebiet stammt von Keen et al. (2004). Auf Grundlage einer empirischen Studie in Nordamerika unterscheiden die Autoren zwischen den Kundensegmenten der „Generalists", „Formatters", „Price Sensitives" und „Experiencers". Generalists machen ihre jeweilige Kanalwahl von der jeweiligen Einkaufssituation abhängig; Formatters bevorzugen den Einkauf im stationären Vertriebskanal; Price Sensitives wählen

S. Rittinger, *Multi-Channel Retailing*, essentials,
DOI 10.1007/978-3-658-05197-6_4, © Springer Fachmedien Wiesbaden 2014

den jeweils günstigsten Vertriebskanal und Experiencers tendieren dazu, den Vertriebskanal zu wählen, den sie bereits bei vorherigen Käufen (erfolgreich) genutzt haben. Eine weitere vielbeachtete Einteilung geht auf *Konuş* et al. (2008) zurück. Ebenfalls auf Basis einer empirischen Studie unterscheiden die Autoren zwischen drei Segmenten: „Uninvolved Shoppers", die sich durch ein geringes Einkaufsinvolvement auszeichnen und keine Präferenz für einen bestimmen Vertriebskanal aufweisen; „Multichannel Enthusiasts", die sich durch eine hohe Innovationsfreude und eine positive Einstellung gegenüber allen Vertriebskanälen auszeichnen sowie „Store-focused Consumers", die das stationäre Geschäft gegenüber anderen Vertriebskanälen bevorzugen.

Darüber hinaus konnte im Rahmen des ersten Forschungsbereiches gezeigt werden, dass Multi-Channel-Kunden im Vergleich zu Single-Channel-Kunden höhere Gesamtumsätze generieren und sich insgesamt loyaler gegenüber Handelsunternehmen verhalten (Wallace et al. 2004; Cassab und MacLachlan 2009). Die Ergebnisse dieser wissenschaftlichen Studien decken sich mit Erfahrungen aus der Handelspraxis. Auf Grundlage von Kundenkartendaten ermittelte bspw. der Schweizer Lebensmittelhändler Migros, dass Kunden, die sowohl im Online-Shop („LeShop") als auch in den stationären Migros-Supermärkten einkaufen, insgesamt 29,9 % mehr ausgeben als Konsumenten die nur einen Vertriebskanal benutzen (T-Systems 2013). Multi-Channel-Kunden sind deshalb insgesamt als profitabler für Handelsunternehmen anzusehen als Single-Channel-Kunden (Thomas und Sullivan 2005; Venkatesan et al. 2007). Die in Literatur und Unternehmenspraxis häufig thematisierte Gefahr der gegenseitigen Kannibalisierung der Vertriebskanäle (z. B. Frazier 1999; Deleersnyder et al. 2002) ist daher weitestgehend unbegründet.

4.3 Determinanten der Vertriebskanalwahl/ Vertriebskanalmigration

Die Fragestellungen die im Zentrum des zweiten Forschungsbereichs stehen sind, welche Gründe für die Vertriebskanalwahl eines Multi-Channel-Kunden ausschlaggebend sind und warum sich Multi-Channel-Kunden dazu entscheiden, Vertriebskanäle zu wechseln (Vertriebskanalmigration) (Dholakia et al. 2010).

Die Determinanten der Vertriebskanalwahl von Multi-Channel-Kunden stellen das am intensivsten bearbeitete Forschungsthema im Multi-Channel Retailing dar (Neslin et al. 2006). Es herrscht weitestgehend Einigkeit darüber, dass Konsumenten mit ihrer Vertriebskanalwahl unterschiedliche Ziele verfolgen und die Vertriebskanalwahl von mehreren Faktoren abhängig machen. Balasubramanian et al. (2005) unterscheiden in ihrem vielbeachteten Beitrag fünf verschiedene

Zielsetzungen: Ökonomische Ziele, Selbstbestätigung, symbolische Ziele, Sozialisierung und Routine. Eine sehr hohe Bedeutung wird in der Literatur gerade ökonomischen Zielen attestiert, so insbesondere den Preiserwartungen (Brynjolfsson und Smith 2000; Yu et al. 2011). Weitere häufig diskutierte Einflussfaktoren auf die Vertriebskanalwahl umfassen u. a. Serviceerwartungen, Interneterfahrung, Risikoneigung, Convenienceorientierung, geografische Gegebenheiten und die jeweilige Produktkategorie (Montoya-Weiss et al. 2003). Neuere Studien widmen sich auch zunehmend den Determinanten der Vertriebskanalwahl bei Beschwerden bzw. Retouren (Ofek et al. 2011).

„A growing number of multichannel studies suggest that channel choice is not static but changes over time, as consumers migrate from one channel to another" (Dholakia et al. 2010, S. 88). Das hier von Dholakia et al. (2010) angesprochene Phänomen, dass Konsumenten Vertriebskanäle mit der Zeit bzw. auch innerhalb eines Einkaufsprozesses wechseln, wird im Rahmen von Studien zur Vertriebskanalmigration untersucht. Zu den wegweisenden Arbeiten in diesem vergleichsweise noch jungen Forschungsgebiet zählt die Untersuchung von Verhoef et al. (2007). Die Autoren untersuchen das Phänomen des Research Shopping. Unter Research Shopping verstehen sie die Informationssuche im Internet und den anschließenden Kauf in einer stationären Filiale. Die Autoren identifizieren drei Gründe für dieses Verhalten: „Attribute-based Decision-making", „Lack of Channel Lock-in" und „Cross Channel Synergy". Attribute-based Decision-making basiert auf der Überlegung, dass die Vertriebskanäle spezifische Vorteile bzw. Nachteile aufweisen, die sie unterschiedlich attraktiv für die verschiedenen Phasen des Einkaufsprozesses machen. „For instance, the Internet is often considered convenient for gathering information, while it is also considered to be risky to purchase because of security factors or the inability to physically touch and test the product" (Verhoef et al. 2007, S. 132). Lack of Channel Lock-in bezieht sich auf das Versäumnis, Kunden dauerhaft an einen Vertriebskanal zu binden. Der dritte Wechselgrund, Cross Channel Synergy, basiert darauf, dass sich die Vertriebskanäle gegenseitig ergänzen und die Kombination der Vertriebskanäle das Einkaufserlebnis für den Kunden bereichert. Ergänzt wird die Studie von Verhoef et al. (2007) durch die Untersuchung von Pauwels et al. (2011), die zeigen, dass das Research Shopping bei bestimmten Kundensegmenten und Produktkategorien zu Umsatzzuwächsen im stationären Geschäft führen kann.

Wechseln Konsumenten zwischen den Vertriebskanälen eines Multi-Channel Retailer, ist dies für das Unternehmen vergleichsweise unproblematisch. Der Umsatz bleibt letztendlich im Haus. Wesentlich problematischer ist es, wenn der Kunde nicht nur den Vertriebskanal, sondern darüber hinaus auch den Anbieter wechselt. Dieses Verhalten wird als „Cross-Channel Free Riding" (Chiu et al. 2011) bezeichnet. Als Folge der zunehmenden Verbreitung von Multi-Channel-Retailing-Systemen in der Handelslandschaft und der damit verbundenen Erhöhung der Vertriebskanaloptionen für Konsumenten, entwickelt sich das Cross-Channel Free Riding derzeit zu einer der zentralen Management-Herausforderungen für Multi-Channel Retailer (Accenture 2010; Heitz-Spahn 2013).

Die gängigste Variante des Cross-Channel Free Riding ist, dass sich ein Kunde im Onlineshop des Anbieters A über ein Produkt informiert und dieses Produkt dann im stationären Geschäft des Anbieters B kauft. In Anlehnung an Verhoef et al. (2007) werden Kunden, die dieses Verhalten aufweisen, von Neslin und Shankar (2009) auch als „Competitive Research Shopper" bezeichnet. Chiu et al. (2011) zeigen, dass insbesondere drei Faktoren die Wahrscheinlichkeit erhöhen, dass Multi-Channel-Kunden zu Competitive Research Shoppern werden: Die Fähigkeit der Kunden mehrere Kanäle während eines Einkaufs einzusetzen, mangelnde Bindung an das Unternehmen während der Informationssuche sowie die Attraktivität der stationären Geschäfte der Wettbewerber.

Erfolgsfaktoren von Multi-Channel-Retailern

5

5.1 Einführung

Das Ziel bei der Ermittlung von Erfolgsfaktoren ist es, die Determinanten zu ermitteln, die den Erfolg bzw. Misserfolg eines Unternehmens langfristig wirksam beeinflussen. Dabei ist die Grundannahme, dass nur einige wenige Elemente oder Variablen über den Erfolg bzw. Misserfolg eines Unternehmens entscheiden (Haenecke 2002). Vor dem Hintergrund des Wachstums des Multi-Channel Retailing in nahezu allen Einzelhandelsbranchen, muss konstatiert werden, dass eine Differenzierung im Wettbewerb allein auf Grundlage des Geschäftsmodells, d. h. dem parallelen Einsatz unterschiedlicher Vertriebskanäle, heute nicht (mehr) möglich ist. Die Pluralität der Vertriebskanäle ist für ein Handelsunternehmen also kein Erfolgsgarant per se. Es ist eine notwendige, jedoch keine hinreichende Bedingung für den Unternehmenserfolg. Die zentrale Fragestellung für die Zukunft lautet daher nicht „ob" man sich als Multi-Channel Retailer am Markt aufstellt, sondern vielmehr „wie" das Multi-Channel-Retailing-System bestmöglich profiliert werden kann. In diesem Zusammenhang lassen sich zwei zentrale Ansatzpunkte bzw. Erfolgsfaktoren identifizieren: Cross-Channel Management und Retail Branding.

Der erste Erfolgsfaktor (Cross-Channel Management) zielt auf die operative Exzellenz des Vertriebskanalnetzwerkes. Diese basiert auf der Fähigkeit bzw. Kompetenz eines Multi-Channel Retailers, die unterschiedlichen Vertriebskanäle für die Kunden nutzenstiftend zu integrieren. Der zweite Erfolgsfaktor (Retail Branding) fokussiert auf die emotionale Differenzierung des Vertriebskanalnetzwerkes beim Kunden. Demnach ist es für einen Multi-Channel Retailer anzustreben, sein Vertriebskanalnetzwerk als einzigartige Marke beim Kunden zu verankern. Die Hintergründe dieser beiden zentralen Determinanten des Unternehmenserfolges von Multi-Channel Retailern werden im Folgenden ausführlicher beleuchtet.

S. Rittinger, *Multi-Channel Retailing*, essentials,
DOI 10.1007/978-3-658-05197-6_5, © Springer Fachmedien Wiesbaden 2014

5.2 Cross-Channel Management

5.2.1 Integration vs. Separation von Vertriebskanälen

Bezüglich der Ausgestaltung eines Multi-Channel-Retailing-Systems haben Handelsunternehmen grundsätzlich die Wahl der Integration bzw. Separation der unterschiedlichen Vertriebskanäle (Gulati und Garino 2000). Allgemein ist mit dem Begriff der Integration „(...) das Einbinden eines Elements in ein bereits existierendes Ganzes bzw. in eine bereits bestehende Ordnung gemeint, mit der gleichzeitig eine neue, höherwertige Gesamtheit entsteht" (Kutschker und Schmid 2011, S. 1019). Bei integrierten Multi-Channel-Retailing-Systemen erfolgt demnach eine innere Abstimmung zwischen den Vertriebskanälen mit dem Ziel, ein holistisches Gesamtsystem aufzubauen. Die Schwächen des einen Vertriebskanals sollen durch die Stärken eines anderen Vertriebskanals kompensiert werden. Konsumenten werden dadurch in die Lage versetzt, frei zwischen den Vertriebskanälen für die unterschiedlichen Phasen des Einkaufs (Informationssuche, Kauf und Nachkauf) zu wählen und diese im Einkaufsprozess zu verknüpfen (Sousa und Voss 2006). Verknüpfungen der Vertriebskanäle sind u. a. in den folgenden Bereichen möglich (Berman und Thelen 2004; Steinfield et al. 2005; Schramm-Klein 2012):

- Integration von Warenprozessen für Kunden, z. B. die Option aus dem Internet bestellte Waren im stationären Geschäft abzuholen („Click & Collect"). Als Resultat der „Site-to-Store" Initiative, werden bspw. bei Walmart.com mittlerweile rund 40 % der Online-Bestellungen in den Läden abgeholt. Bei Saturn Deutschland liegt die Abholquote für im Internet gekaufte Produkte bei vergleichbaren 44 % (T-Systems 2013).
- Kanalübergreifender Einsatz von Geschenkgutscheinen (z. B. myToys).
- Kanalübergreifender Einsatz von Kundenkarten (z. B. Migros Cumulus-Punkte).
- Kanalübergreifende Verfügbarkeitsprüfung (z. B. Ikea).
- Integration von internetfähigen Kiosk-Systemen in stationären Geschäften als Bestell- oder Informationsplattformen (z. B. Debenhams).

Unter Separation im Multi-Channel-Retailing-Kontext versteht man dagegen die inhaltliche und organisatorische Trennung der Vertriebskanäle, sodass Wechselwirkungen zwischen den Kanälen vermieden werden. Die Vertriebskanäle werden demnach nicht aufeinander abgestimmt. Wesentliche Zielsetzung bei dieser Option ist es, eine besonders starke Ausrichtung der Vertriebskanäle auf bestimmte Zielgruppen zu erreichen (Schramm-Klein 2012).

5.2.2 Integration der Vertriebskanäle als Trend

In der Handelspraxis wurden die Vertriebskanäle in der Vergangenheit häufig isoliert voneinander betrachtet (Heinemann 2011; Zentes et al. 2011). Als Gründe für die weitestgehende Separation der Vertriebskanäle lassen sich sieben generelle Problemfelder und Herausforderungen anführen, die eine engere Verzahnung von stationärem Geschäft mit dem Onlineshop erheblich erschweren können (Stone et al. 2002; Berman und Thelen 2004; Steinfield et al. 2005; Neslin et al. 2006; Zhang et al. 2010): 1) Organisatorische Herausforderungen auf Grund von evolutorisch gewachsenen Strukturen, 2) unternehmenskulturelle Herausforderungen auf Grund von Abteilungsegoismen und Konkurrenzdenken, 3) die Notwendigkeit der kanalübergreifenden Datenintegration bei kanalspezifischen IT-Systemen, 4) steigende Managementkomplexität auf Grund der Notwendigkeit der kanalübergreifenden Strategieentwicklung und Strategieimplementierung, 5) mangelnde strategische Flexibilität für die Vertriebskanäle, 6) die Gefahr der Überkomplexität für bestehende logistische Systeme sowie 7) hohe Investitionen für die Anschaffung und Implementierung von Informationstechnologie. Gerade mittelständische Unternehmen verfügen oftmals weder über die notwendigen finanziellen Ressourcen noch das notwendige Management-Know-how, um ihre Vertriebskanäle vor dem Hintergrund dieser Problemfelder für die Kunden wertschöpfend zu integrieren (Steinfield et al. 2005; Zentes et al. 2011).

Trotz der aufgezeigten Hindernisse zeichnet sich in den letzten Jahren dennoch ein Paradigmenwechsel in der Handelslandschaft hin zu einer stärkeren Verknüpfung der Vertriebskanäle ab. So betont bspw. die Boston Consulting Group (BCG): „To make good on the multichannel promise, you need to shift from thinking in terms of separate channels that offer various sales and services to developing a business model in which sales and services are seamlessly integrated across channels" (DasGupta et al. 2009, S. 6). Für dieses Umdenken stehen jedoch nicht nur Neugeschäfte witternde Wertschöpfungspartner des Handels wie Strategieberatungen oder IT-Dienstleister, sondern auch der Handel selbst sieht Handlungsbedarf. So spricht bspw. Thomas Lipke, Geschäftsführer des Outdoorequipment Einzelhändlers Globetrotter, einem der Vorreiter von integrierten Multi-Channel Retailing-Strukturen in Deutschland, in einem Interview von einer anzustrebenden „Symphonie der Kanäle" (Braun und Leitl 2012, S. 56). Dieser Trend hin zu einer stärkeren Integration der Vertriebskanäle wird in der Literatur auf zwei zentrale Ursachen zurückgeführt, die im Folgenden aufgezeigt werden. Es erscheint an dieser Stelle allerdings gegeben zu erwähnen, dass die Grundsatzidee der Integration von Vertriebskanälen kein gänzlich neues Phänomen darstellt, sondern seit gerau-

Tab. 5.1 Einfluss moderner Technologien auf das Multi-Channel Retailing

Autoren	Statement
Kollmann und Häsel (2008, S. 216)	Technological advances and changes in customer behaviour imply that cross-channel concepts will become a driving force in many industries
Dholakia et al. (2010, S. 86)	(. . .) as technology advances, consumers are increasingly shopping across a variety of channels and communication media
Van Bruggen et al. (2010, S. 338)	The challenges of designing channels for today's customers are the need for flexibility and adaptability, thus allowing consumers to navigate across channels in a seamless manner
Zhang et al. (2010, S. 170)	Customers prefer to interact with a retailer anytime, anywhere through multiple, seamless interfaces
Shankar et al. (2011, S. 33)	As technology enables shoppers to increasingly use and engage with multiple channels of a retailer, they are also looking for consistent information and seamless experience across these channels. To satisfy and retain shoppers, retailers may need to provide the same information in the same style and tone across the channels
Levy und Weitz (2012, S. 76)	Traditional store-based and catalog retailers are adding electronic channels and evolving into integrated, customer-centric, multichannel retailers. This evolution toward multichannel retailing has been driven by the increasing desire of customers to communicate with retailers anytime, anywhere, anyplace

mer Zeit im Rahmen von sog. „Catalog Showrooms" (Sewall und Goldstein 1979; Korgaonkar 1981) umgesetzt wird.

Zum einen herrscht im Schrifttum weitestgehend Einigkeit darüber, dass eine der wesentlichen Ursachen für die Forcierung integrierter Multi-Channel-Retailing-Systeme in der Unternehmenspraxis in einem verändertem, maßgeblich durch moderne Kommunikationsformen und -technologien geprägten Konsumentenverhalten zu sehen ist (siehe Tab. 5.1).

Hervorgehoben wird in diesem Zusammenhang die Bedeutung von Smartphones und Tablet-PCs (Zentes et al. 2011; Daurer et al. 2012), die von Konsumenten unmittelbar am Point-of-Sale (PoS) eingesetzt werden können und einen direkten Zugriff auf Internetinhalte ermöglichen. Dadurch haben Konsumenten jederzeit die Möglichkeit, ihren Informationsstand, z. B. hinsichtlich des Preises oder funk-

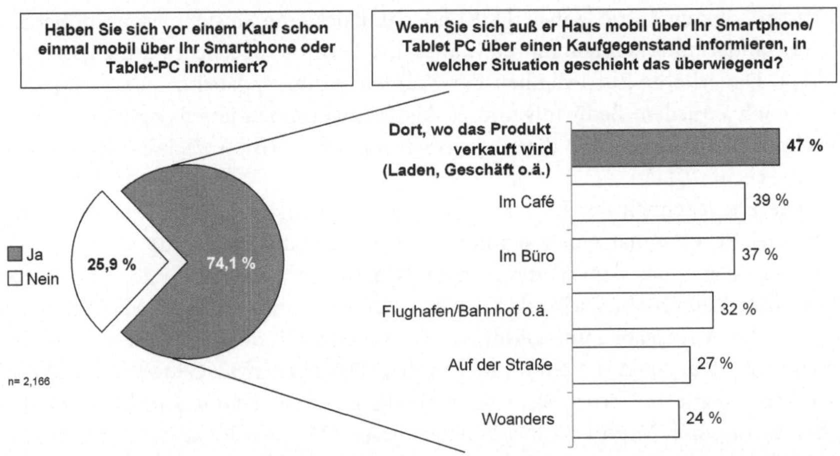

Abb. 5.1 Informationsverhalten mit mobilen Endgeräten. (Quelle: in Anlehnung an Verbraucher Initiative e. V. und eBay 2011)

tioneller Produkteigenschaften, zu verbessern und die „Real-Time"-Integration der Vertriebskanäle wird zu einer der dringlichsten Anforderungen (Schramm-Klein 2012). Exemplarisch zeigen die Ergebnisse der bevölkerungsrepräsentativen Smart-Shopping-Studie der Verbraucher Initiative e.V und des Online-Marktplatzes eBay, dass sich 74,1 % der Besitzer von Smartphones bzw. Tablets schon einmal vor einem Kauf mobil über ihr Endgerät informiert haben. Wie von Daurer et al. (2012) angesprochen, findet die Informationssuche außer Haus dabei überwiegend dort statt, wo das Produkt auch verkauft wird, d. h. im stationären Geschäft (siehe Abb. 5.1).

Durch die zunehmende Nutzung mobiler Endgeräte wie Smartphones und Tablets im Einkaufsprozess verschwimmen zusehends die Grenzen zwischen stationärem Geschäft und Onlineshop. Da Konsumenten in diesem Zusammenhang großen Wert auf ein konsistentes, fließendes Einkaufserlebnis legen (van Bruggen et al. 2010; Zhang et al. 2010), sind Handelsunternehmen dazu angehalten, Auftritt und Inhalt ihrer Vertriebskanäle gezielt aufeinander abzustimmen (Shankar et al. 2011).

Abseits technologisch motivierter Überlegungen betonten bereits Gulati und Garino (2000, S. 108): „(…) we have learned a lot about clicks-and-mortar strategies and their likelihood of success. Our most important finding is a simple one: the benefits of integration are almost always too great to abandon entirely." Mittels empirischer Studien konnte gezeigt werden, dass integrierte Vertriebskanalstrukturen zu einer höheren Zufriedenheit der Kunden und besseren Einstellung gegenüber einem Handelsunternehmen führen (Bauer und Eckardt 2010; Schramm-Klein et al. 2011). Die erhöhte Zufriedenheit der Kunden resultiert dabei aus dem „Luxus", sich nach aktuellem Bedürfnis und Einkaufssituation den jeweils optimalen Vertriebskanal aussuchen und diesen jederzeit und ohne Risiko wechseln zu können (Zentes et al. 2011).

Die Zufriedenheit der Kunden mit dem Vertriebskanalnetzwerk eines Multi-Channel Retailers hat einen signifikant positiven Einfluss auf die Loyalität der Kunden gegenüber dem Unternehmen (Chatterjee 2010; Lee und Kim 2010; Schramm-Klein 2010). Da loyale Kunden, u. a. auf Grund geringerer Marketingkosten, höherer Ausgaben und geringerer Preissensitivität für ein Handelsunternehmen profitabler sind als nicht loyale Kunden (Day et al. 1998; Ganesh et al. 2000), können integrierte Vertriebskanäle einen signifikanten Beitrag zum wirtschaftlichen Erfolg eines Multi-Channel Retailers leisten. Darüber hinaus zeigen Oh et al. (2012), dass sich integrierte Vertriebskanäle positiv auf die Innovationsfähigkeit eines Multi-Channel Retailers auswirken und damit einen Beitrag zur Sicherstellung der langfristigen Gewinnerzielungsperspektiven liefern können. Die Aussicht auf mittel- bis langfristig überdurchschnittliche und anfallende Investitionen überkompensierende Gewinne kann deshalb als zweite zentrale Ursache für die Tendenz hin zu einer stärkeren Verknüpfung der Vertriebskanäle angeführt werden.

5.2.3 Begriff des Cross-Channel Management

Um der zunehmenden Bedeutung von integrierten Multi-Channel-Retailing-Systemen in der Unternehmenspraxis gerecht zu werden, wurde in Wissenschaft und Praxis in den letzten Jahren versucht, den Aspekt der Vertriebskanalverknüpfung begrifflich stärker hervorzuheben und vom traditionellen Multi-Channel Retailing abzugrenzen. In Verbindung mit der ohnehin verworrenen definitorischen Situation hinsichtlich des Multi-Channel Retailing hat dies zu einer kaum mehr überschaubaren Anzahl unterschiedlicher Wortschöpfungen geführt, so z. B. dem „Omni-Channel Retailing" (Rigby 2011). In den meisten Fällen wird in Wissenschaft und Praxis allerdings vom Prinzip des „Cross-Channel Retailing" (Zentes et al. 2012; Ebeltoft Group 2013; T-Systems 2013) gesprochen. Es wird also der Begriffszusatz „Cross" genutzt, um den qualitativen Aspekt der Vertriebskanalverknüpfung hervorzuheben. Unter einem Cross-Channel Retailer ist demnach ein Multi-Channel Retailer zu verstehen, der das Leistungsprogramm seiner Vertriebskanäle bewusst miteinander verknüpft.

Der Übergang von einem isolierten Multi-Channel-Retailing-System zu einem Cross-Channel-Retailing-System stellt auf Grund der Vielzahl an strategischen, organisatorischen und unternehmenskulturellen Herausforderungen einen sehr komplexen Transformationsprozess dar (Neslin et al. 2006; Zhang et al. 2010). Dieser Prozess, die Harmonisierung sowie die Pflege der Vertriebskanalbeziehungen im Anschluss an die Transformation bedürfen eines kontinuierlichen Managements. Diese Form des Vertriebskanalmanagements wird in Anlehnung an den Begriff des Cross-Channel Retailing häufig als „Cross-Channel Management" (Heinemann 2011; Schramm-Klein 2012) bezeichnet. Die Qualität des Cross-Channel Management wird durch die Integrationskompetenz eines Multi-Channel Retailers bestimmt. Unter der Integrationskompetenz ist demnach die Fähigkeit eines Multi-Channel Retailers, seine unterschiedlichen Vertriebskanäle für die Kunden nutzenstiftend zu integrieren, zu verstehen (Sousa und Voss 2006). Im folgenden Abschnitt wird aufgezeigt, inwiefern die Integrationskompetenz und damit das Cross-Channel Management als Grundlage für einen nachhaltigen Wettbewerbsvorteil von Multi-Channel Retailern anzusehen ist.

Ergänzend sei an dieser Stelle allerdings noch darauf hingewiesen, dass bei der Diskussion und Bewertung des Konstrukts der Integrationskompetenz zu berücksichtigen ist, dass nicht der tatsächlich realisierte (objektive) Integrationsgrad zwischen den Vertriebskanälen eines Multi-Channel Retailers von Relevanz ist, sondern wie die Integration von den Kunden subjektiv wahrgenommen und beurteilt wird (Bendoly et al. 2005; Bauer und Eckardt 2010; Schramm-Klein 2010). Aus theoretischer Perspektive steht dies im Einklang mit dem Konstrukt der wahrgenommenen Entitativität, das in den letzten Jahren mehrfach auf den Multi-Channel-Retailing-Kontext angewandt und zur Begründung des Zusammenspiels von Vertriebskanalstrukturen herangezogen wurde (Yang et al. 2011; Badrinarayanan et al. 2012). Ursprünglich ist die Entitativität ein auf Campbell (1958) zurückgehendes Konstrukt der Sozialpsychologie, das beschreibt, inwieweit eine Gruppe von Personen tatsächlich als Gruppe wahrgenommen wird. Häufig wird in diesem Zusammenhang auch vom Ausmaß der wahrgenommenen Groupness gesprochen (Spencer-Rodgers et al. 2007).

5.2.4 Die Integrationskompetenz als nachhaltiger Wettbewerbsvorteil

Die Fragestellung, ob die Integrationskompetenz als Grundlage für einen nachhaltigen Wettbewerbsvorteil eines Multi-Channel Retailers angesehen werden kann, wurde, nach Kenntnis des Verfassers, in der Literatur bislang noch keiner detaillierteren Prüfung unterzogen. Daher soll diese These hier näher untersucht werden. Ein Instrument zur Bewertung strategischer Fähigkeiten hinsichtlich ihrer Wettbewerbsvorteilsrelevanz ist das von Barney (1991) vorgelegte VRIO-Konzept, das in der Literatur weit verbreitet ist (Kraaijenbrink et al. 2010). Nach dem VRIO-Konzept muss eine Fähigkeit vier Kriterien erfüllen, um als Basis für einen nachhaltigen Wettbewerbsvorteil angesehen werden zu können: „Valueable", „Rareness", „Non-imitability" sowie „Organization Specifity".

Zunächst muss die Fähigkeit einen strategischen Wert besitzen (Valueable), d. h., sie muss die Wettbewerbsposition eines Unternehmens nachhaltig verbessern. Wie im Rahmen dieses Beitrags bereits aufgezeigt, haben sich verhaltenswissenschaftliche Untersuchungen in den letzten Jahren vermehrt mit den Wirkungen der Vertriebskanalintegration befasst. Entsprechende Studien kommen überstimmend zu dem Ergebnis, dass sich ein hohes wahrgenommenes Integrationsniveau der Vertriebskanäle positiv auf die Zufriedenheit und Loyalität gegenüber einem Multi-Channel Retailer auswirkt (Bauer und Eckardt 2010; Chatterjee 2010; Lee und Kim 2010; Schramm-Klein 2010). Bspw. zeigen Bendoly et al. (2005), dass sich Kunden bei Nicht-Verfügbarkeit von Waren in einem Vertriebskanal bei stark integrierten Vertriebskanälen loyaler gegenüber dem Handelsunternehmen verhalten als bei schwacher Integration. Vor dem Hintergrund der Diskussion um die Problematik des Cross-Channel Free Riding kommt der Integrationskompetenz eines Multi-Channel Retailers damit eine Schlüsselrolle zu. Sie kann die Bindung der Kunden an das Vertriebskanalnetzwerk erhöhen und reduziert damit die Gefahr, dass Kunden im laufenden Einkaufsprozess zu konkurrierenden Handelsunternehmen wechseln (Chiu et al. 2011). Dem Konstrukt ist deshalb zweifelsohne ein hoher strategischer Wert zu attestieren.

Die zweite Anforderung (Rareness) umfasst die Knappheit bzw. Seltenheit von Fähigkeiten. So lassen sich durch Fähigkeiten, die alle Unternehmen einer Branche besitzen, keine Differenzierungsvorteile erzielen. Wenngleich Cross-Channel-Retailing-Systeme derzeit auf dem Vormarsch sind, werden diese von Konsumenten nur vereinzelt als barrierefrei und fließend wahrgenommen (Zentes et al. 2011; Schramm-Klein). Gerade im Vergleich zu den USA und Großbritannien, die beim Thema Vertriebskanalintegration von ihren im internationalen Vergleich benchmarksetzenden E-Commerce-Strukturen profitieren, hat die deutsche Handelslandschaft noch erheblichen Nachholbedarf (Heinemann 2011; Ebeltoft Group 2013). Damit kann auch das Merkmal der Knappheit für die Integrationskompetenz als erfüllt angesehen werden.

Als dritte Anforderung ist die Nicht-Imitierbarkeit (Non-imitability) der Integrationskompetenz zu prüfen. Ein nachhaltiger Wettbewerbsvorteil basiert demnach auf Fähigkeiten, die von Wettbewerbern nicht oder nur unter hohen Kosten nachgeahmt werden können. Ein zentrales Kriterium für die Nicht-Imitierbarkeit einer Fähigkeit ist deren Komplexität (Sirmon et al. 2007; Krasnikov und Jayachandran 2008). Je komplexer die Fähigkeit und die dahinterstehenden Prozesse, desto schwieriger ist die Fähigkeit zu kopieren. Wie bereits erläutert, sind Handelsunternehmen bei der Integration von Vertriebskanälen mit einer Vielzahl von organisatorischen, strategischen und kulturellen Herausforderungen konfrontiert (Stone et al. 2002; Berman und Thelen 2004; Steinfield et al. 2005; Neslin et al. 2006; Zhang et al. 2010). Die Lösung derartiger Herausforderungen ist nach außen hin nicht sichtbar und oftmals unternehmensspezifisch. Beispielsweise ist es für die Konkurrenz leicht herauszufinden, ob ein Multi-Channel Retailer für im Internet bestellte Waren eine Click & Collect Option anbietet. Wie das Unternehmen diesen Service allerdings prozessual, logistisch und abrechnungstechnisch meistert, ist für die Konkurrenz i.d. R nicht einsehbar. Auf Grund der hohen Komplexität der hinter der Integrationskompetenz stehenden Prozesse und der daraus resultierenden schwierigen Kopierbarkeit kann auch die Anforderung der Non-imitability bestätigt werden.

Das letzte Kriterium (Organization Specifity) umfasst die Frage, ob ein Unternehmen die erforderlichen Organisationsstrukturen und Prozesse zur Ausschöpfung der Fähigkeitspotenziale aufweist. Dieses Kriterium zielt also auf unternehmensspezifische Voraussetzungen für die Umsetzung der Vertriebskanalintegration, die sich einer generellen Betrachtung entziehen und deshalb an dieser Stelle nicht weiter analysiert werden können. Zusammenfassend kann damit festgehalten werden, dass die Integrationskompetenz im Sinne des VRIO-Konzepts alle relevanten Merkmale einer wettbewerbsvorteilsgenerierenden Fähigkeit aufweist. Auch Sousa und Voss (2006, S. 365) stellen fest: „In a multichannel setting, integration may be extremely difficult to achieve and thus holds great potential for generating competitive advantage."

5.3   Retail Branding

5.3.1   Markenarchitektur von Handelsunternehmen

Unter einer Markenarchitektur versteht man allgemein die Anordnung aller Marken eines Unternehmens, um die Beziehung der Marken und der jeweiligen Produkt-Markt-Beziehungen aus strategischer Sicht festzulegen (Esch 2012). Im Vergleich zu Industrieunternehmen stellt sich die Markenarchitektur von Handelsunternehmen als deutlich vielfältiger dar und kann auf drei Hierarchieebenen dis-

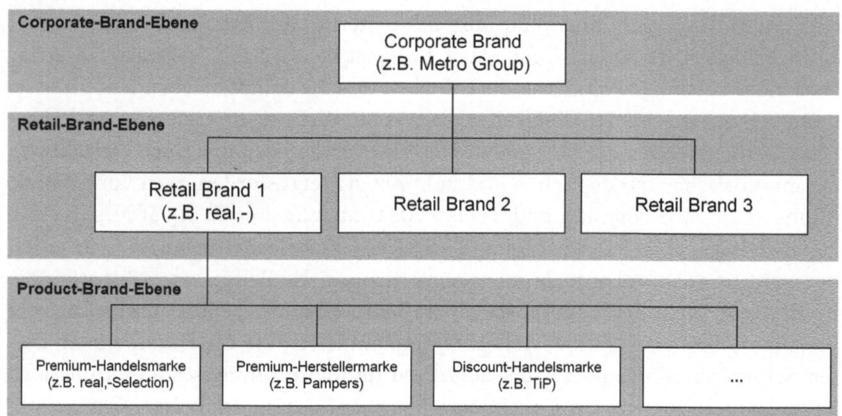

Abb. 5.2 Markenarchitektur von Handelsunternehmen. (Quelle: in Anlehnung an Zentes et al. 2012, S. 454)

kutiert werden (Zentes et al. 2012): Corporate-Brand-Ebene, Retail-Brand-Ebene sowie Product-Brand-Ebene (siehe Abb. 5.2).

Auf der obersten Hierarchieebene ist die Führung eines Handelsunternehmens als Corporate Brand bzw. Unternehmensmarke angesiedelt. In Zusammenhang mit der Markenführung auf dieser Stufe spricht man von „Corporate Branding" (Harris und De Chernatony 2001). Zentrale Aufgabe der Corporate Brand und Ziel des Corporate Branding ist die Profilierung des Unternehmens bei verschiedenen Anspruchsgruppen wie z. B. Fremdkapitalgebern oder Mitarbeitern (Zentes et al. 2012). Die mittlere Hierarchieebene umfasst das Management der Retail Brand(s), d. h. das Management der Händlermarke(n). Unter Retail Branding versteht man demnach die Markenpolitik eines Handelsunternehmens auf der Ebene seiner Verkaufsstellen bzw. im Fall eines Multi-Channel Retailers auf der Ebene seiner Vertriebskanäle. Dabei ist die Retail Brand als Leitlinie für das gesamte Handelsmarketing anzusehen (Morschett 2012). Anders als bspw. im Fall der Metro Group (siehe Abb. 5.2), müssen Corporate Brand und Retail Brand nicht zwangsläufig unterschiedlich sein. Eine Corporate Brand kann auch gleichzeitig als Retail Brand am Markt tätig sein (z. B. Ikea, H&M).

Auf der untersten Ebene der Markenarchitektur, der Product-Brand-Ebene, profilieren sich Handelsunternehmen über die sich im Sortiment befindlichen Hersteller- und Handelsmarken. Unter Handelsmarken oder Private Labels versteht man „Waren- oder Firmenkennzeichen, mit denen Handelsunternehmen Waren

Tab. 5.2 Bedeutung des Retail Branding

Autoren	Statement
Ailawadi und Keller (2004, S. 331)	Given its highly competitive nature, branding can be especially important in the retailing industry to influence customer perceptions and drive store choice and loyalty
Grewal et al. (2004, S. ix)	The rise of the retailer as a brand is one of the most important trends in retailing
Grewal und Levy (2009, S. 523)	In particular, the rise of the retailer as not just a retail outlet but also as a brand provides perhaps one of the most critical trends in the retailing field
Swoboda et al. (2009, S. 953)	(…) the increasingly widely used view of the retailer as a brand is one of the most important trends in retailing
Park et al. (2011, S. 175)	In essence, retailers need to build their own equity. Doing so can help insulate them from retailing competitors
Zentes et al. (2011, S. 191)	In recent years, competition and changing consumer behaviour have increased the relevance of retail branding tremendously

versehen oder versehen lassen, wodurch sie als Eigner oder Dispositionsträger der Marke auftreten" (Zentes et al. 2012, S. 456). Die Handelsmarke ist damit nicht mit der Retail Brand bzw. Händlermarke zu verwechseln, die die Charakteristika einer Unternehmensmarke aufweist. An dieser Stelle ist allerdings darauf hinzuweisen, dass dieses Begriffsverständnis in der Literatur zwar dominierend, aber nicht völlig unumstritten ist. Teilweise bezieht sich der Begriff der Retail Brand dort auf die Product-Brand-Ebene, also auf Handelsmarken (z. B. Burt 2000).

Der wissenschaftliche Diskurs zur Markenpolitik im Handel konzentrierte sich bislang auf die Product-Brand-Ebene. Als zentrale Forschungsbereiche sind exemplarisch der Zusammenhang zwischen Handelsmarken und Händlerloyalität (Ailawadi et al. 2008) und die Diskussion um Premium-Handelsmarken zu nennen (Geyskens et al. 2010). In den letzten Jahren wurde in der Literatur jedoch gefordert, die Retail-Brand-Ebene auf Grund ihrer steigenden strategischen Bedeutung für Handelsunternehmen stärker zu berücksichtigen (siehe Tab. 5.2).

Auf hohe Resonanz stießen in der Literatur insbesondere die Aussagen von Grewal et al. (2004) sowie Grewal und Levy (2009). Dies ist damit zu erklären, dass die Autoren in der Zeit von 2001 bis 2007 als Co-Herausgeber für das *Journal of Retailing* tätig waren. Auch in der Unternehmenspraxis setzt sich zunehmend die

Auflassung durch, dass eine unverwechselbare Retail Brand eine der wichtigsten Säulen für den langfristigen Erfolg eines Handelsunternehmens darstellt. So betont bspw. die Metro Group: „Die klare Markenprofilierung ist heute ausschlaggebend für den Erfolg eines Handelsunternehmens" (Metro Group 2012, S. 156). Auch die Strategieberatung McKinsey kommt zu dem Schluss, dass die Retail Brand der entscheidende Faktor im Wettbewerb ist und fordert daher: „Händler müssen selbst Markenartikel werden" (Köster et al. 2007, S. 22).

Auslöser für die zunehmende Relevanz des Retail Branding in Theorie und Praxis liegen im Wesentlichen in Veränderungen der Konsumgüterwirtschaft, die zu einer substanziellen Erhöhung der Bedeutung des Einzelhandels geführt haben (Morschett 2012). War dieser früher ein eher unbedeutender Akteur in der Wertschöpfungskette, der die vom Hersteller angebotenen Leistungen ohne wesentliche eigene Marketingleistung an den Konsumenten weitergab, hat sich diese Rolle in den letzten Jahren deutlich verschoben (Zentes et al. 2011). So strebt der Handel immer stärker danach, selbst eine dominante Position in der Wertschöpfungskette aufzubauen und sich gegenüber der Industrie zu emanzipieren. Vor diesem Hintergrund wird das Retail Branding als „wettbewerbsstrategischer Ansatz begriffen, der im Extremfall dazu führt, dass Herstellermarken in den Hintergrund treten und die Retail Brand die Markenführerschaft im Absatzkanal übernimmt" (Zentes et al. 2012, S. 146).

5.3.2 Die Retail Brand als nachhaltiger Wettbewerbsvorteil

In der Managementliteratur ist es weitestgehend unbestritten, dass gerade intangible Ressourcen, auf Grund ihrer schwierigen Imitierbarkeit, eine Quelle für Wettbewerbsvorteile darstellen können (Hall 1992; Barney 2001). Da viele andere Wettbewerbsvorteile auf Grund des rapiden technologischen Wandels, Deregulierung und Globalisierung zunehmend als temporär anzusehen sind (D'Aveni et al. 2010), erhöht sich die Relevanz von intangiblen Ressourcen als Differenzierungsquelle zusätzlich. Besonders hervorgehoben wird in diesem Zusammenhang die Bedeutung der Unternehmensmarke (Harris und De Chernatony 2001). Gerade für Dienstleistungsunternehmen hat die Unternehmensmarke, auf Grund der charakteristischen Immaterialität der Leistungserstellung, das Potenzial einen nachhaltigen Wettbewerbsvorteil zu begründen. So unterstreichen McDonald et al. (2001, S. 340): „The increased competition in services industries has made many companies realise that a strong corporate brand is an essential part of their competitive advantage." Diese Auffassung wird in der Literatur auch im Hinblick auf Retail Brands vertreten. Dabei wird es als unerheblich erachtet, ob es sich um die Retail

Tab. 5.3 Die Retail Brand als nachhaltiger Wettbewerbsvorteil

Autor(en)	Statement
Burt und Carralero-Encinas (2000, S. 435)	Retailers place great emphasis upon developing, maintaining and managing store and corporate image. Often this image, including the associated positioning of the firm and branding of the retailer, is the source of competitive advantage – particularly as many other functional aspects of a retail operation can be imitated
Arnett et al. (2003, S. 161)	The information that a retailer's name communicates to consumers can be a source of competitive advantage for many retailers
Kent (2003, S. 133)	Strong store and corporate images, and the competitive advantage they create as retail brands, took a new significance as retailers expanded into international markets
Colton et al. (2010, S. 6)	(…) creating and leveraging a strong brand can be a strategic asset and competitive advantage for online retailers
Jones und Kim (2010, S. 633)	Researchers have maintained that branding (…) is particularly important for apparel retailers as it offers a sustainable competitive advantage in a marketplace suffering from a lack of differentiation
Hutchinson und Quinn (2011, S. 322 f.)	The possession of a strong company brand image or identity is (…) the platform from which these retailers develop competitive advantage in international markets

Brands von stationären Handelsunternehmen oder Online Pure Playern handelt (siehe Tab. 5.3).

Das Differenzierungspotenzial der Retail Brand, d. h. das Ausmaß des durch die Retail Brand realisierten Wettbewerbsvorteils, basiert auf der Markenstärke der Retail Brand (Ailawadi und Keller 2004). Eine hohe Markenstärke liegt dann vor, wenn die Retail Brand in den Köpfen der Konsumenten über einzigartige Vorstellungen verfügt, die über branchengenerische Vorstellungen hinausgehen (Esch 2012). Nach einer empirischen Untersuchung der Marketingberatung Batten & Company aus dem Jahre 2012, sind Amazon gefolgt von Aldi und DM-Drogeriemarkt die Handelsunternehmen mit der höchsten Markenstärke in Deutschland (Batten und Company 2012).

Auch für Multi-Channel Retailer rückt die Retail Brand als Quelle für Wettbewerbsvorteile, auf Grund der zunehmenden Verbreitung von Multi-Channel-Retailing-Systemen in der Handelspraxis, derzeit stärker in den Fokus (Badrinarayanan et al. 2012; Becerra et al. 2013). Mit dem Cross-Channel Retail Branding soll im Folgenden ein Konzept vorgestellt werden, das die spezifischen Aspekte und Herausforderungen des Händlermarkenmanagements von Multi-Channel Retailern berücksichtigt.

5.3.3 Konzept des Cross-Channel Retail Branding

Grundsätzlich hat ein Multi-Channel Retailer drei verschiedene Optionen zur Kennzeichnung seines Vertriebskanalnetzwerkes (Schramm-Klein 2012): 1) Das Unternehmen kann für alle Vertriebskanäle eine einheitliche Retail Brand verwenden, 2) völlig unterschiedliche Kennzeichnungen für die Vertriebskanäle wählen oder 3) die Zusammengehörigkeit einzelner Vertriebskanäle mittels eines Zusatzes erkennen lassen. Während in den Anfängen des E-Commerce der internetbasierte Vertriebskanal oftmals separat markiert wurde, ist heute die einheitliche Markierung der Vertriebskanäle klar dominierend (Kwon und Lennon 2009; Badrinarayanan et al. 2012). Beispiele hierfür sind u. a. H&M, Media Markt, OBI oder Conrad.

Wie im Rahmen dieses Beitrags bereits aufgezeigt wurde, hat sich die breite Mehrheit der heute am Markt tätigen Multi-Channel Retailer ernst im Laufe der Zeit auf neues Vertriebskanalterrain begeben. Dabei wurde zwischen zwei Entwicklungspfaden unterschieden: Adding Clicks to Bricks und Adding Bricks to Clicks (siehe Abb. 3.1). Nutzt das Handelsunternehmen eine einheitliche Retail Brand für die Vertriebskanäle, dann wurde während des Evolutionsprozesses zum Multi-Channel Retailer die Markierung des Stammvertriebskanals auf den neuen Vertriebskanal übertragen. Beim Adding Clicks to Bricks wurde also die Markierung der stationären Geschäfte auf den Onlineshop und beim Adding Bricks to Clicks die Markierung des Onlineshops auf die stationären Geschäfte übertragen. Markentechnisch wird die Ausweitung einer Retail Brand auf einen weiteren Vertriebskanal in der Literatur als Form der Markenerweiterung interpretiert (Kwon und Lennon 2009; Badrinarayanan et al. 2012; Becerra et al. 2013). Das Grundprinzip der Markenerweiterung bildet die gedankliche Basis für das Konzept des Cross-Channel Retail Branding.

Ursprünglich stammt das Konzept der Markenerweiterung aus dem Bereich des Konsumgütermarketing bzw. des Produktmarkenmanagements. Hier wird unter eine Markenerweiterung die Nutzung einer etablierten Marke (Muttermarke) für den Eintritt in eine neue Produktkategorie verstanden (Aaker und Keller 1990). Abzugrenzen ist der Begriff von der sog. Produktlinienerweiterung. Während es sich bei der Markenerweiterung um die Dehnung einer bestehenden Marke mit dem Ziel des Eintritts in eine neue Produktkategorie bzw. einen neuen Markt handelt, versteht man unter einer Produktlinienerweiterung die Dehnung einer vorhandenen Marke in der bisherigen Produktkategorie (Esch 2012). Eine Produktlinienerweiterung im Retail-Brand-Kontext liegt bspw. dann vor, wenn die Händlermarke innerhalb eines Vertriebskanals auf ein weiteres Format übertragen wird (Multi-Format Retailing).

Insbesondere auf Grund der hohen Kosten für die Entwicklung und Einführung neuer Marken ist die Strategie der Markenerweiterung die derzeit am häufigsten genutzte Variante zur Einführung eines neuen Produktes in einen neuen Markt (Esch 2012). Dabei ist allerdings zu berücksichtigen, dass etwa 80 % aller Markenerweiterungen in der Konsumgüterindustrie als Misserfolg einzustufen sind (Völckner und Sattler 2006). Als besonders kritisch ist in diesem Zusammenhang festzuhalten, dass sich eine erfolglose Markenerweiterung in ihren negativen Auswirkungen nicht nur auf das eigentliche Erweiterungsprodukt beschränkt, sondern zu einer Verwässerung der Vorstellungen der Konsumenten in Bezug auf die Muttermarke und damit zu einem globalen Verlust an Markenidentität und Markenerosion führen kann. Diese Gefahr betonen bspw. auch van Riel et al. (2001, S. 221): „Unsuccessful extensions may jeopardize brand equity, or the future value of the brand as a tool to introduce extensions, by weakening the positive associations with the original brand." Gerade bei starken Marken, die oftmals als Grundlage für Markenerweiterungen herangezogen werden, besteht die Gefahr von negativen Feedback-Effekten, sollte das Erweiterungsprodukt die durch die Marke geschürten hohen Erwartungen nicht erfüllen können (John et al. 1998).

Um die Erfolgswahrscheinlichkeit von Markenerweiterungen zu erhöhen und Verwässerungseffekte zu vermeiden, haben sich in den letzten Jahren zahlreiche Studien mit den Erfolgsfaktoren von Markenerweiterung befasst. Allein zwischen 1995 und 2010 sind mehr als 50 empirische Studien zur Wirkung von Erfolgsfaktoren von Markenerweiterungen veröffentlicht worden (Yorkston et al. 2010). Zu den meist untersuchten und meist diskutierten zählen u. a. die wahrgenommene Qualität der Muttermarke, die Erfahrung der Konsumenten mit der Warenkategorie des Erweiterungsproduktes, der wahrgenommene Werbedruck für das Erweiterungsprodukt sowie das wahrgenommene Kaufrisiko. Bereits Aaker und Keller (1993) haben im Zusammenhang mit der Interpretation der Ergebnisse von Markenerweiterungsstudien allerdings aufgezeigt, dass sich die Bedeutung einzelner Erfolgsfaktoren von Studie zu Studie oftmals signifikant voneinander unterscheidet. Die Autoren führen dies u. a. auf die Verwendung unterschiedlicher Stimuli, methodische Unterschiede sowie kulturelle Aspekte zurück. Allerdings hat sich im Zuge der jahrzehntelangen Forschung zu Erfolgsfaktoren von Markenerweiterungen ein Faktor herauskristallisiert, dem studien- und stimuliübergreifend eine

Tab. 5.4 Fit als zentraler Erfolgsfaktor von Markenweiterungen

Autoren	Statement
van Riel et al. (2001, S. 229)	Our data set provides evidence that in a services context, consumers use complementarity of the extension with the original category as a major cue to evaluate the extension
Grime et al. (2002, S. 1417)	As far as this paper is concerned, it is the level of fit between the core brand and the extension, and not the type of extension, which is the most important concern (…)
Völckner und Sattler (2006, S. 18)	(…) fit between the parent brand and an extension product is the most important driver of brand extension success
Kim und John (2008, S. 116)	Perceived fit, no matter how it is defined, is the most important determinant of brand extension success
Salinas und Pérez (2009, S. 58)	All these results appear to be in line with those works that indicate that extension attitude mainly depends on perceived fit
He und Li (2010, S. 1379)	Confirming the results of all previous studies on brand extension, fit is still the most important factor for brand extension evaluation
Monga und John (2010, S. 80)	Brand extension success depends heavily on extension fit
Völcker et al. (2010, S. 392)	Our results also are consistent with extant findings, in that perceived fit (…) exerts a substantial effect on brand extension success
Gierl und Huettl (2011, S. 120)	Similarity between a core product and an extension product is regarded as a key success factor for brand extensions
Viot (2011, S. 226)	Coherence between an extension and its parent brand is deemed most important and evidence suggests that consumers will respond more favourably to an extension product when fit between the two is perceived as high
Samuelsen und Olsen (2012, S. 179)	Essentially, an extensive body of research has established fit as perhaps the most fundamental driver of brand extension and brand alliance success

außergewöhnlich hohe Bedeutung für den Erfolg von Markenerweiterungen attestiert wird. Dabei handelt es sich um den sog. Fit zwischen Muttermarke und Erweiterungsprodukt (siehe Tab. 5.4).

Der Fit im Rahmen einer Markenerweiterung umfasst die von Konsumenten subjektiv wahrgenommene Kongruenz zwischen Muttermarke und Erweiterungsprodukt (Aaker und Keller 1990). Der Begriff Kongruenz kann in diesem Zusammenhang in Anlehnung an Keller (1993, S. 7) als „the extent to which a brand association shares content and meaning with another brand association" verstanden werden. Die zentrale Frage, die im Zusammenhang mit einer Markenerweiterung gestellt und beantwortet werden muss, lautet daher: „Passt das neue Produkt zur Marke?" (Esch 2012, S. 190).

Die Nutzung etablierter Markenkonzepte und -prinzipien auf Retail Brands wird in der Literatur ausdrücklich begrüßt und sogar gefordert: „Our contention is that branding and brand management principles can and should be applied to retail brands" (Ailawadi und Keller 2004, S. 340). Für Handelsunternehmen bedeutet das, dass diese bei der Ausweitung ihrer Retail Brand auf andere Vertriebskanäle von den gleichen Vorteilen einer Markenerweiterung profitieren können wie ein Konsumgüterhersteller. Beim Adding Clicks to Bricks zählen hierzu bspw. der Übergang von positiven Markenassoziationen auf den Onlinekanal, ein geringer wahrgenommenes Risiko seitens der Konsumenten, geringere Markteintrittsbarrieren sowie – gesamthaft gesehen – geringe Werbekosten für den Onlinekanal (van Riel et al. 2001; Kwon und Lennon 2009). Analog zu den Vorteilen sind Handelsunternehmen allerdings auch den Risiken von Markenerweiterungen ausgesetzt, so insbesondere der potenziellen Verwässerung und Erosion der Muttermarke, also im vorliegenden Fall der stationären Retail Brand. Dies unterstreichen auch Kwon und Lennon (2009, S. 377): „(...) a retailer's online performance may dilute the brand's positive image if the online performance fails to meet consumers' high expectations that are based on the retailer's positive offline brand image." Diese Gefahr ist für Handelsunternehmen im Vergleich zu Konsumgüterherstellern wie Procter & Gamble, Nestlé oder Unilever nochmals deutlich kritischer einzuschätzen, da Handelsunternehmen i. d. R nicht über ein vergleichbar umfangreiches Markenportfolio verfügen, bzw. wie z. B. im Fall von H&M, sogar nur über eine Retail Brand verfügen, die mit der Corporate Brand identisch ist. Verwässerungen der Muttermarke können demnach nicht durch andere Marken ausgeglichen werden. In Anbetracht der Chancen und Risiken, die mit einer Dehnung der Retail Brand einhergehen, scheint es gerechtfertigt, die Erfolgsfaktoren von Markenerweiterungen auch im Hinblick auf Multi-Channel Retailer zu bewerten.

Als tendenziell dominierender Erfolgsfaktor von Markenerweiterungen konnte in der Literatur der Fit zwischen Muttermarke und Erweiterungsprodukt identifiziert werden. Übertragen auf den Multi-Channel-Retailing-Kontext ist unter dem Fit die subjektiv wahrgenommene Kongruenz zwischen den Vertriebskanälen eines Multi-Channel Retailers zu verstehen. Dabei ist nach Ansicht des Verfassers davon auszugehen, dass die wahrgenommene Kongruenz zwischen den Vertriebskanälen umso größer ist, je höher der wahrgenommene Integrationsgrad der Vertriebskanäle ist. Der wahrgenommene Integrationsgrad basiert wiederum maßgeblich auf der Qualität des Cross-Channel Management, d. h. der Integrationskompetenz eines Multi-Channel Retailers. Dies ist die Grundüberlegung des Cross-Channel Retail Branding.

Die Perspektive des Cross-Channel Retail Branding erweitert also für Multi-Channel Retailer das traditionelle Verständnis des Retail Brandung um die Komponente des Cross-Channel Management. Kernforderung und Ziel des Ansatzes ist es, das komplette Vertriebskanalsystem als in sich geschlossenen Komplex beim Kunden als Marke zu verankern („one face to the customer"). Neben der jeweiligen Einstellung der Kunden gegenüber den unterschiedlichen Vertriebskanälen, ist die Integrationskompetenz hierfür der zentrale Stellhebel.

Fazit und Ausblick 6

„Multi-Channel ist die stärkste Veränderung im Einzelhandel seit der Einführung der Selbstbedienung in den 60er-Jahren", betonte Sir Stuart Rose, der damalige Executive Chairman der britischen Einzelhandelsikone Marks & Spencer, im Jahre 2010 auf dem Global Department Store Summit (GDSS) in New York. Es mag einzelne Stimmen geben die anmerken, dass die klare Fokussierung auf einen bestimmten Vertriebsanal erfolgversprechender sei als der teilweise halbherzige Versuch, mehrere Vertriebskanäle parallel zu betreiben (T-Systems 2013). Dem ist jedoch entgegenzuhalten, dass es letztendlich kein Distributionskonzept im Einzelhandel gibt, das den wachsenden Ansprüchen der Konsumenten besser gerecht wird. Auch in Deutschland wird das Multi-Channel Retailing deshalb weiter an Bedeutung gewinnen. Das gilt insbesondere für den Non-Food-Bereich. Mit Blick auf den Lebensmitteleinzelhandel sei an dieser Stelle noch auf das sog. Drive-Format verwiesen, das auf dem Prinzip des Click & Collect basiert (Zentes et al. 2012). Hier ordern Kunden ihre Waren im Internet und holen ihre (bereits kommissionierte) Bestellung zu einem festgelegten Zeitpunkt an einer der dafür vorgesehenen Stationen ab. Während das Format in Frankreich bereits seit längerer Zeit etabliert ist und von nahezu allen großen französischen Lebensmitteleinzelhändlern umgesetzt wird (z. B. Auchan Drive, Carrefour Drive, E.Leclerc Drive), gewinnt es auch in Deutschland an Bedeutung (z. B. Globus Drive, real Drive). Auch der Lebensmitteleinzelhandel hat also Online- bzw. Multi-Channel-Potenzial.

Als Folge des aktuell zu beobachtenden und prognostizierten Wachstums des Multi-Channel Retailing muss die Suche nach Differenzierungsquellen für das eigene Vertriebskanalnetzwerk zur Chefsache erklärt werden. Gerade auch vor dem Hintergrund der Gefahr des Cross-Channel Free Riding, muss es das oberste Ziel des Managements sein, „Kunden beim Sprung über die Kanalgrenzen im eigenen Unternehmen zu halten" (Accenture 2010, S. 4). Mit dem Cross-Channel Management und dem darauf aufbauenden Cross-Channel Retail Branding wurden in vorliegendem Beitrag zwei wesentliche Ansatzpunkte dafür vorgestellt, wie die Bindung der Kunden an ein Multi-Channel-Retailing-System erhöht werden kann.

S. Rittinger, *Multi-Channel Retailing*, essentials,
DOI 10.1007/978-3-658-05197-6_6, © Springer Fachmedien Wiesbaden 2014

Was Sie aus diesem Essential mitnehmen können

- Mit einer Konfrontationsstrategie gegen das Internet werden stationäre Handelsunternehmen in der Wettbewerbsarena des Handels auf Dauer nicht bestehen können. Sie müssen mit dem Internet erfolgreich sein und ihren Kunden in die Online-Welt folgen. Die häufig thematisierte Gefahr der gegenseitigen Kannibalisierung der Vertriebskanäle ist weitestgehend unbegründet.
- Ehemals reine Online-Händler gehen ihrerseits zunehmend dazu über, sich ein Standbein im stationären Handel aufbauen und eröffnen eigene Filialen.
- Eine der zentralsten Herausforderungen für das Management eines Multi-Channel-Retailers ist es, Kunden während des gesamten Einkaufsprozesses im eigenen Vertriebskanalnetzwerk zu halten und einem Kanalwechsel zu konkurrierenden Handelsunternehmen (Cross-Channel Free Riding) gezielt entgegenzuwirken.
- Die isolierte Betrachtung stationärer und internetbasierter Vertriebskanäle ist Vergangenheit und gegenüber Konsumenten nicht mehr vermittelbar. Die Integration der Vertriebskanäle entwickelt sich zum Standardrepertoire erfolgreicher Multi-Channel Retailer. Die Fähigkeit eines Multi-Channel Retailers seine unterschiedlichen Vertriebskanäle für die Kunden nutzenstiftend zu integrieren ist damit als Grundlage für einen nachhaltigen Wettbewerbsvorteil anzusehen.
- Zur Differenzierung im Wettbewerb ist das komplette Multi-Channel-Retailing-System im Sinne eines Cross-Channel Retail Branding eindeutig als Marke im Wettbewerb zu positionieren und zu profilieren.

S. Rittinger, *Multi-Channel Retailing*, essentials,
DOI 10.1007/978-3-658-05197-6, © Springer Fachmedien Wiesbaden 2014

Literatur

Aaker, D. A., & Keller, K. L. (1990). Consumer evaluations of brand extensions. *Journal of Marketing, 54*(1), 27–41.

Aaker, D. A., & Keller, K. L. (1993). Interpreting cross-cultural replications of brand extension research. *International Journal of Research in Marketing, 10*(1), 55–59.

Accenture. (2010). *Non-food multichannel-handel 2015: Vom Krieg der Kanäle zur Multichannel-Synergie.* Düsseldorf.

Ailawadi, K. L., & Keller, K. L. (2004). Understanding retail branding: Conceptual insights and research priorities. *Journal of Retailing, 80*(4), 331–342.

Ailawadi, K. L., Pauwels, K., & Steenkamp, J.-B. E. M. (2008). Private-label use and store loyalty. *Journal of Marketing, 72*(6), 19–30.

Arnett, D. B., Laverie, D. A., & Meiers, A. (2003). Developing parsimonious retailer equity indexes using partial least squares analysis: A method and applications. *Journal of Retailing, 79*(3), 161–170.

Arrondo, E., Berné, C., Múgica, J. M., & Rivera, P. (2002). Modelling of customer retention in multi-format retailing. *International Review of Retail, Distribution & Consumer Research, 12*(3), 281–296.

Avery, J., Steenburgh, T. J., Deighton, J., & Caravella, M. (2012). Adding bricks to clicks: Predicting the patterns of cross-channel elasticities over time. *Journal of Marketing, 76*(3), 96–111.

Badrinarayanan, V., Becerra, E., Kim, C.-H., & Madhavaram, S. (2012). Transference and congruence effects on purchase intentions in online stores of multi-channel retailers: Initial evidence from the U.S. and South Korea. *Journal of the Academy of Marketing Science, 40*(4), 539–557.

Balasubramanian, S., Raghunathan, R., & Mahajan, V. (2005). Consumers in a multichannel environment: Product utility, process utility, and channel choice. *Journal of Interactive Marketing, 19*(2), 12–30.

Barney, J. B. (1991). Firm resources and sustained competitive advantage. *Journal of Management, 17*(1), 99–120.

Barney, J. B. (2001). Resource-based theories of competitive advantage: A ten-year retrospective on the resource-based view. *Journal of Management, 27*(6), 643–650.

Batten & Company. (2012). *Retail brand in Deutschland 2012.* Düsseldorf.

Bauer, H. H., & Eckardt, S. (2010). Integration als Erfolgsfaktor im Multichannel-Retailing. In D. Ahlert, P. Kenning, R. Olbrich, & H. Schröder (Hrsg.), *Multichannel-Management:*

Jahrbuch Vertriebs- und Handelsmanagement 2010/2011 (S. 105–122). Frankfurt a. M: Deutscher Fachverlag.

Becerra, E. P., Badrinarayanan, V., & Kim, C.-H. (2013). Influence of thinking tendencies on online transaction of hybrid retailers. *Journal of Business Research, 66*(3), 336–344.

Bendoly, E., Blocher, J. D., Bretthauer, K. M., Krishnan, S., & Venkataramanan, M. A. (2005). Online/in-store integration and customer retention. *Journal of Service Research, 7*(4), 313–327.

Benedicktus, R. L., Brady, M. K., Darke, P. R., & Voorhees, C. M. (2010). Conveying trustworthiness to online consumers: Reactions to consensus, physical store presence, brand familiarity, and generalized suspicion. *Journal of Retailing, 86*(4), 322–335.

Berman, B., & Thelen, S. (2004). A guide to developing and managing a well-integrated multi-channel retail strategy. *International Journal of Retail & Distribution Management, 32*(3), 147–156.

Braun, G., & Leitl, M. (2012). Eine Symphonie der Kanäle. *Harvard Business Manager, 34*(3), 54–61.

Burt, S. (2000). The strategic role of retail brands in British grocery retailing. *European Journal of Marketing, 34*(8), 875–890.

Burt, S., & Carralero-Encinas, J. (2000). The role of store image in retail internationalisation. *International Marketing Review, 17*(4/5), 433–453.

Burt, S., Sparks, L., & Teller, C. (2010). Retailing in the United Kingdom – A synopsis. *European Retail Research, 24*(1), 173–194.

Brynjolfsson, E., & Smith, M. D. (2000). Frictionless commerce? A comparison of internet and conventional retailers. *Management Science, 46*(4), 563–585.

Campbell, D. T. (1958). Common fate, similarity, and other indices of the status of aggregates as social entities. *Behavioral Science, 3*(1), 14–25.

Cassab, H., & MacLachlan, D. L. (2009). A consumer-based view of multi-channel service. *Journal of Service Management, 20*(1), 52–75.

Chatterjee, P. (2010). Causes and consequences of ‚order online pick up in-store‘ shopping behavior. *International Review of Retail, Distribution & Consumer Research, 20*(4), 431–448.

Chiu, H.-C., Hsieh, Y.-C., Roan, J., Tseng, K.-J., & Hsieh, J.-K. (2011). The challenge for multichannel services: Cross-channel free-riding behavior. *Electronic Commerce Research & Applications, 10*(2), 268–277.

Cliquet, G., Picot-Coupey, K., Basset, G., & Perrigot, R. (2008). Retailing in France: Overview and key trends/what's up? *European Retail Research, 22*(1), 177–205.

Colton, D. A., Roth, M. S., & Bearden, W. O. (2010). Drivers of international e-tail performance: The complexities of orientations and resources. *Journal of International Marketing, 18*(1), 1–22.

DasGupta, N., Journo, M., Loftus, B., & Tardy, O. (2009). *Realizing the multichannel promise.* Boston: Boston Consulting Group.

Daurer, S., Molitor, D., & Spann, M. (2012). Digitalisierung und Konvergenz von Online- und Offline-Welt. *Zeitschrift für Betriebswirtschaft, 4*(82), 3–23 (Special Issue).

D'Aveni, R. A., Dagnino, G. B., & Smith, K. G. (2010). The age of temporary advantage. *Strategic Management Journal, 31*(13), 1371–1385.

Day, J., Dean, A. A., & Reynolds, P. L. (1998). Relationship marketing: Its key role in entrepreneurship. *Long Range Planning, 31*(6), 828–837.

Deleersnyder, B., Geyskens, I., Gielens, K., & Dekimpe, M. G. (2002). How cannibalistic is the internet channel? A study of the newspaper industry in the United Kingdom and the Netherlands. International *Journal of Research in Marketing, 19*(4), 337–348.

Dholakia, U. M., Kahn, B. E., Reeves, R., Rindfleisch, A., Stewart, D., & Taylor, E. (2010). Consumer behavior in a multichannel, multimedia retailing environment. *Journal of Interactive Marketing, 24*(2), 86–95.

Duffy, D. L. (2004). Multi-channel marketing in the retail environment. *Journal of Consumer Marketing, 21*(5), 356–359.

Ebeltoft Group. (2013). *Global cross channel retailing report*. Barcelona.

Esch, F.-R. (2012). *Strategien und Techniken der Markenführung* (7. Aufl.). München: Vahlen.

Fernández-Sabiote, E., & Román, S. (2012). Adding clicks to bricks: A study of the consequences on customer loyalty in a service context. *Electronic Commerce Research & Applications, 11*(1), 36–48.

Frazier, G. L. (1999). Organizing and managing channels of distribution. *Journal of the Academy of Marketing Science, 27*(2), 226–240.

Ganesh, J., Arnold, M. J., & Reynolds, K. E. (2000). Understanding the customer base of service providers: An examination of the differences between switchers and stayers. *Journal of Marketing, 64*(3), 65–87.

Geyskens, I., Gielens, K., & Gijsbrechts, E. (2010). Proliferating private-label portfolios: How introducing economy and premium private labels influences brand choice. *Journal of Marketing Research, 47*(5), 791–807.

Gierl, H., & Huettl, V. (2011). A closer look at similarity: The effects of perceived similarity and conjunctive cues on brand extension evaluation. *International Journal of Research in Marketing, 28*(2), 120–133.

Grewal, D., & Levy, M. (2009). Emerging issues in retailing research. *Journal of Retailing, 85*(4), 522–526.

Grewal, D., Levy, M., & Lehmann, D. R. (2004). Retail branding and customer loyalty: An overview. *Journal of Retailing, 80*(4), ix–xii.

Grime, I., Diamantopoulos, A., & Smith, G. (2002). Consumer evaluations of extensions and their effects on the core brand: Key issues and research propositions. *European Journal of Marketing, 36*(11/12), 1415–1438.

Gulati, R., & Garino, J. (2000). Get the right mix of bricks & clicks. *Harvard Business Review, 78*(3), 107–114.

Haenecke, H. (2002). Methodenorientierte Systematisierung der Kritik an der Erfolgsfaktorenforschung. *Zeitschrift für Betriebswirtschaft, 72*(2), 165–183.

Hall, R. (1992). The strategic analysis of intangible resources. *Strategic Management Journal, 13*(2), 135–144.

Handelsverband Deutschland. (2013a). *HDE Zahlenspiegel 2013*. Berlin.

Handelsverband Deutschland. (2013b). *HDE-Präsident: Multi-Channel-Handel ist die Zukunft. Pressemitteilung vom 28. Oktober 2013*. Berlin.

Harris, F., & De Chernatony, L. (2001). Corporate branding and corporate brand performance. *European Journal of Marketing, 35*(3/4), 441–456.

He, H., & Li, y. (2010). Consumer evaluation of technology-based vertical brand extension. *European Journal of Marketing, 44*(9/10), 1366–1383.

Heinemann, G. (2011). *Cross-Channel-Management: Integrationserfordernisse im Multi-Channel-Handel* (3. Aufl.). Wiesbaden: Gabler.

Heitz-Spahn, S. (2013). Cross-channel free-riding consumer behavior in a multichannel environment: An investigation of shopping motives, sociodemographics and product categories. *Journal of Retailing and Consumer Services, 20*(6), 570–578.

Hsieh, Y.-C., Roan, J., Pant, A., Hsieh, J.-K., Chen, W.-Y., Lee, M., & Chiu, H.-C. (2012). All for one but does one strategy work for all? Building consumer loyalty in multi-channel distribution. *Managing Service Quality, 22*(3), 310–335.

Hutchinson, K., & Quinn, B. (2011). Identifying the characteristics of small specialist international retailers. *European Business Review, 23*(3), 314–327.

John, D. R., Loken, B., & Joiner, C. (1998). The negative impact of extensions: Can flagship products be diluted? *Journal of Marketing, 62*(1), 19–32.

Jones, C., & Kim, S. (2010). Influences of retail brand trust, off-line patronage, clothing involvement and website quality on online apparel shopping intention. *International Journal of Consumer Studies, 34*(6), 627–637.

Keen, C., Wetzels, M., de Ruyter, K., & Feinberg, R. (2004). E-tailers versus Retailers: Which factors determine consumer preferences. *Journal of Business Research, 57*(7), 685–695.

Keller, K. L. (1993). Conceptualizing, measuring, managing customer-based brand equity. *Journal of Marketing, 57*(1), 1–22.

Kent, T. (2003). 2D23D: Management and design perspectives on retail branding. International *Journal of Retail & Distribution Management, 31*(3), 131–142.

Kim, H., & John, D. R. (2008). Consumer response to brand extensions: Construal level as a moderator of the importance of perceived fit. *Journal of Consumer Psychology, 18*(2), 116–126.

Kollmann, T., & Häsel, M. (2008). Cross-channel cooperation: On the collaborative integration of online and offline business models of e-entrepreneurs and traditional SMEs. *International Journal of Entrepreneurship and Small Business, 6*(2), 212–229.

Konuş, U., Verhoef, P. C., & Neslin, S. A. (2008). Multichannel shopper segments and their covariates. *Journal of Retailing, 84*(4), 398–413.

Korgaonkar, P. K. (1981). Shopping orientations of catalog showroom patrons. *Journal of Retailing, 57*(1), 78–90.

Köster, L., Perrey, J., & Spillecke, D. (2007). Händler müssen selbst Markenartikel werden. *McKinsey Akzente, 02/2007,* 22–25.

KPMG. (2012). *Trends im Handel 2020.* Hamburg.

Kraaijenbrink, J., Spender, J. C., & Groen, A. J. (2010). The resource-based view: A review and assessment of its critiques. *Journal of Management, 36*(1), 349–372.

Krasnikov, A., & Jayachandran, S. (2008). The relative impact of marketing, research-and-development, and operations capabilities on firm performance. *Journal of Marketing, 72*(4), 1–11.

Kutschker, M., & Schmid, S. (2011). *Internationales Management* (7. Aufl.). München: Oldenbourg.

Kwon, W.-S., & Lennon, S. J. (2009). Reciprocal effects between multichannel retailers' offline and online brand images. *Journal of Retailing, 85*(3), 376–390.

Lee, H.-H., & Kim, J. (2010). Investigating dimensionality of multichannel retailer's cross-channel integration practices and effectiveness: Shopping orientation and loyalty intention. *Journal of Marketing Channels, 17*(4), 281–312.

Levy, M., & Weitz, B. A. (2012). *Retailing management* (8. Aufl.). New York: Mcgraw-Hill.

Martínez Salinas, E., & Pina Pérez, J. M. (2009). Modeling the brand extensions' influence on brand image. *Journal of Business Research, 62*(1), 50–60.

McDonald, M. H. B., De Chernatony, L., & Harris, F. (2001). Corporate marketing and service brands: Moving beyond the fast-moving consumer goods model. *European Journal of Marketing, 35*(3/4), 335–352.

McGoldrick, P. J., & Collins, N. (2007). Multichannel retailing: Profiling the multichannel shopper. *International Review of Retail, Distribution & Consumer Research, 17*(2), 139–158.

Metro Group. (2012). *Metro-Handelslexikon 2012/2013: Daten, Fakten und Adressen zum Handel in Deutschland, Europa und der Welt.* Düsseldorf.

Min, S., & Wolfinbarger, M. (2005). Market share, profit margin, and marketing efficiency of early movers, bricks and clicks, and specialists in e-commerce. *Journal of Business Research, 58*(8), 1030–1039.

Monga, A. B., & John, D. R. (2010). What makes brands elastic? The influence of brand concept and styles of thinking on brand extension evaluation. *Journal of Marketing, 74*(3), 80–92.

Montoya-Weiss, M. M., Voss, G. B., & Grewal, D. (2003). Determinants of online channel use and overall satisfaction with a relational, multichannel service provider. *Journal of the Academy of Marketing Science, 31*(4), 448–458.

Morschett, D. (2012). Retail Branding – Strategischer Rahmen für das Handelsmarketing. In J. Zentes, B. Swoboda, D. Morschett, & H. Schramm-Klein (Hrsg.), *Handbuch Handel* (2. Aufl., S. 441–461). Wiesbaden: Springer Gabler.

Neslin, S. A., & Shankar, V. (2009). Key issues in multichannel customer management: Current knowledge and future directions *Journal of Interactive Marketing, 23*(1), 70–81.

Neslin, S. A., Grewal, D., Leghorn, R., Shankar, V., Teerling, M. L., Thomas, J. S., & Verhoef, P. C. (2006). Challenges and opportunities in multichannel customer management. *Journal of Service Research, 9*(2), 95–112.

Ofek, E., Katona, Z., & Sarvary, M. (2011). „Bricks and Clicks": The impact of product returns on the strategies of multichannel retailers. *Marketing Science, 30*(1), 42–60.

Oh, L.-B., Teo, H.-H., & Sambamurthy, V. (2012). The effects of retail channel integration through the use of information technologies on firm performance. *Journal of Operations Management, 30*(5), 368–381.

Park, J. Y., Park, K., & Dubinsky, A. J. (2011). Impact of retailer image on private brand attitude: Halo effect and summary construct. *Australian Journal of Psychology, 63*(3), 173–183.

Pauwels, K., Leeflang, P. S. H., Teerling, M. L., & Huizingh, K. R. E. (2011). Does online information drive offline revenues? Only for specific products and consumer segments! *Journal of Retailing, 87*(1), 1–17.

Research Now. (2013). *Born free – New international study by research now with support of K&A BrandResearch gives insight into how the ‚Digital Generation' behaves on the internet.* London.

Rigby, D. (2011). The future of shopping. *Harvard Business Review, 89*(12), 64–75.

Rittinger, S. (2013). *Cross-Channel Retail Branding – Eine verhaltenswissenschaftliche Untersuchung in Deutschland, Frankreich und Großbritannien.* Wiesbaden: Springer Gabler.

Rose, S., Clark, M., Samouel, P., & Hair, N. (2012). Online customer experience in e-retailing: An empirical model of antecedents and outcomes. *Journal of Retailing, 88*(2), 308–322.

Samuelsen, B. M., & Olsen, L. E. (2012). The attitudinal response to alternative brand growth strategies. *European Journal of Marketing, 46*(1/2), 177–191.

Schramm-Klein, H. (2010). Integrated retail channels in multichannel retailing: Do linkages between retail channels impact customer loyalty? *European Retail Research, 24*(2), 111–128.

Schramm-Klein, H. (2012). Multi Channel Retailing – Erscheinungsformen und Erfolgsfaktoren. In J. Zentes, B. Swoboda, D. Morschett, & H. Schramm-Klein (Hrsg.), *Handbuch Handel* (2. Aufl., S. 419–437). Wiesbaden: Springer Gabler.

Schramm-Klein, H., Wagner, G., Steinmann, S., & Morschett, D. (2011). Cross-channel integration – Is it valued by customers? *The International Review of Retail, Distribution and Consumer Research, 21*(5), 501–511.

Sewall, M. A., & Goldstein, M. H. (1979). The comparative price advertising controversy: Consumer perceptions of catalog showroom reference prices. *Journal of Marketing, 43*(3), 85–92.

Shankar, V., Inman, J. J., Mantrala, M., Kelley, E., & Rizley, R. (2011). Innovations in shopper marketing: Current insights and future research issues. *Journal of Retailing, 87*(1), 29–S 42.

Sirmon, D. G., Hitt, M. A., Ireland, R. D. (2007). Managing firm resources in dynamic environments to create value: Looking inside the black box. *Academy of Management Review, 32*(1), 273–292.

Sousa, R., & Voss, C. A. (2006). Service quality in multichannel services employing virtual channels. *Journal of Service Research, 8*(4), 356–371.

Spencer-Rodgers, J., Hamilton, D. L., & Sherman, S. J. (2007). The central role of entitativity in stereotypes of social categories and task groups. *Journal of Personality and Social Psychology, 92*(3), 369–388.

Steinfield, C., Adelaar, T., & Liu, F. (2005). Click and mortar strategies viewed from the web: A content analysis of features illustrating integration between retailers' online and offline presence. *Electronic Markets, 15*(3), 199–212.

Stone, M., Hobbs, M., & Khaleeli, M. (2002). Multichannel customer management: The benefits and challenges. *Journal of Database Marketing, 10*(1), 39–52.

Swoboda, B., Haelsig, F., Schramm-Klein, H., & Morschett, D. (2009). Moderating role of involvement in building a retail brand. *International Journal of Retail & Distribution Management, 37*(11), 952–974.

Thomas, J. S., & Sullivan, U. Y. (2005). Managing marketing communications with multichannel customers. *Journal of Marketing, 69*(4), 239–251.

T-Systems. (2013). *Cross-Channel-Retailing: Die Zukunft des Handels*. Dresden.

Van Bruggen, G. H., Antia, K. D., Jap, S. D., Reinartz, W. J., & Pallas, F. (2010). Managing marketing channel multiplicity. *Journal of Service Research, 13*(3), 331–340.

van Riel, A. C. R., Lemmink, J., & Ouwersloot, H. (2001). Consumer evaluations of service brand extensions. *Journal of Service Research, 3*(3), 220–231.

Venkatesan, R., Kumar, V., & Ravishanker, N. (2007). Multichannel shopping: Causes and consequences. *Journal of Marketing, 71*(2), 114–132.

Verbraucher Initiative e. V., & eBay (2011). *Studie von eBay und der Verbraucher Initiative e. V. zur mobilen Information vor dem Kauf – Alle Ergebnisse im Überblick*. Berlin.

Verhoef, P. C., Neslin, S. A., & Vroomen, B. (2007). Multichannel customer management: Understanding the research-shopper phenomenon. *International Journal of Research in Marketing, 24*(2), 129–148.

Viot, C. (2011). Can brand identity predict brand extensions' success or failure? *Journal of Product & Brand Management, 20*(3), 216–227.

Völckner, F., & Sattler, H. (2006). Drivers of brand extension success. *Journal of Marketing, 70*(2), 18–34.

Völckner, F., Sattler, H., Hennig-Thurau, T., & Ringle, C. M. (2010). The role of parent brand quality for service brand extension success. *Journal of Service Research, 13*(4), 379–396.

Wallace, D. W., Giese, J. L., & Johnson, J. L. (2004). Customer retailer loyalty in the context of multiple channel strategies. *Journal of Retailing, 80*(4), 249–263.

Yang, S., Lu, Y., Zhao, L., & Gupta, S. (2011). Empirical investigation of customers' channel extension behavior: Perceptions shift toward the online channel. *Computers in Human Behavior, 27*(5), 1688–1696.

Yorkston, E. A., Nunes, J. C., & Matta, S. (2010). The malleable brand: The role of implicit theories in evaluating brand extensions. *Journal of Marketing, 74*(1), 80–93.

Yu, U.-J., Niehm, L. S., & Russell, D. W. (2011). Exploring perceived channel price, quality, and value as antecedents of channel choice and usage in multichannel shopping. *Journal of Marketing Channels, 18*(2), 79–102.

Zentes, J., Morschett, D., & Schramm-Klein, H. (2011). *Strategic retail management: Text and international cases* (2. Aufl.). Wiesbaden: Gabler.

Zentes, J., Swoboda, B., & Foscht, T. (2012). *Handelsmanagement* (3. Aufl.). München: Vahlen.

Zhang, X. (2009). Retailers' multichannel and price advertising strategies. *Marketing Science, 28*(6), 1080–1094.

Zhang, J., Farris, P., Irvin, J., Kushwaha, T., Steenburgh, T., & Weitz, B. A. (2010). Crafting integrated multichannel retailing strategies. *Journal of Interactive Marketing, 24*(2), 168–180.